Helfried Weyer **TIBET**

Helfried Weyer
TIBET
Der stille Ruf nach Freiheit

Mit einem Vorwort von Franz Alt,
Beiträgen von Geshe Thubten Ngawang und Jan Andersson
sowie 62 Farbfotos und zwei Karten

Eulen Verlag

Danken möchte ich meinen vielen tibetischen Freunden in Tibet, in Dharamsala und in aller Welt für Informationen und Gespräche, ebenso meinen Sherpa-Freunden aus Nepal für ihre Hilfe unterwegs und für ihre Übersetzungen bei Gesprächen mit Tibetern. Danken möchte ich weiterhin Geshe Thubten Ngawang für seinen Beitrag über das tibetische Klosterleben und Christof Spitz für seine Übersetzung. Dr. Jan Andersson danke ich für die Chronik des tibetischen Aufstandes im Herbst 1987, Dr. Tashe W. Thaktsang für die Durchsicht des gesamten Manuskriptes und für Hinweise und Anregungen und schließlich Dr. Franz Alt für seinen mutigen Einsatz in der Tibetfrage und für sein Vorwort in diesem Buch. Helfried Weyer

Die Karte auf dem Buchvorsatz ist entnommen aus dem GEO-Buch von Peter-Hannes Lehmann TIBET, S. 26. Kartographie: Horst Busecke. (© GEO-Bücher im Verlag Gruner & Jahr AG & Co. Hamburg)

Titelbild:
Tibet ist das Land der Klöster und das Land der Götter. Das Titelbild zeigt das großartig modellierte Gesicht der über 26 m hohen Maitreya-Statue in Tashi Lhunpo. Die riesige Statue entstand 1917 aus 165 000 Kilo Bronze und 2800 Kilo Gold!
Gold hat es in Tibet immer in großen Mengen gegeben. Es heißt, daß Kinder beim Spielen stecknadelkopfgroße Goldstücke in Flüssen gefunden haben, sie aber kaum beachteten. Am heiligen Manasarovarsee fand man den größten Goldklumpen Tibets, etwa so groß wie ein Hund. Die Stelle heißt bis heute „Der Goldene Hund". Man schickte den Fund zum Dalai Lama, der ihn aber wieder am heiligen See begraben ließ.

Alle Rechte vorbehalten – Printed in Germany
© 1988 EULEN VERLAG Harald Gläser, Freiburg i. Brsg., Wilhelmstraße 18
Gestaltung: Klaus Eschbach
Reproduktionen: rete Grafische Kunstanstalt, Freiburg i. Brsg.
Gesamtherstellung: Druckhaus Kaufmann, Lahr/Schwarzwald
ISBN 3-89102-158-5

Tibet den Tibetern

Vorwort von Franz Alt

Es gibt außer Tibet kein anderes Land, dessen Menschen in den letzten Jahrzehnten soviel gelitten haben und über deren Leid so wenig berichtet wurde. Diese Feststellung ist für einen Journalisten beschämend. Gewalt und Gewehr, Bomben, Panzer und Flugzeuge sind journalistisch attraktiver als stilles Leid. „Leider", sagte mir einmal der Dalai Lama, „leider reagieren die westlichen Medien nur auf Gewalt. Dennoch wird unsere Politik eine Politik der Gewaltlosigkeit bleiben." Ich hielt dagegen: „Aber die Politik in Vietnam und in Afghanistan beweisen doch, daß Großmächte allein der Gewalt weichen. Gibt Ihnen das nicht zu denken?" „Sind Vietnam und Afghanistan wirklich frei?" fragte der Dalai Lama zurück und fügte hinzu: „Wir Tibeter wollen durch eine Politik der Gewaltfreiheit der Welt ein alternatives Befreiungsmodell aufzeigen. Langfristig hat nicht die Gewalt, sondern nur die Gewaltfreiheit Erfolg."

Dieses Buch ist ein realistisches Dokument von chinesischer Gewalt und gewaltfreiem tibetischen Widerstand. Auf dem Dach der Welt haben die chinesischen Besatzer seit vier Jahrzehnten eine Politik der Ausbeutung, der Menschenrechtsverletzung, ja sogar des Völkermords und einer Kulturbarbarei ohnegleichen betrieben: Eine Million Tibeter wurden getötet oder vertrieben, Tausende von Klöstern zerstört und die Identität einer der ältesten Hochkulturen mit Füßen getreten. Vieles von dem, was Helfried Weyer berichtet, haben Tibeter in Lhasa und tibetische Flüchtlinge in Asien und Europa auch meiner Frau und mir vor der Fernsehkamera bestätigt. Wir haben in und um Lhasa 50 Tibeterinnen und Tibeter interviewt. Alle sagten übereinstimmend (wenn kein chinesischer Dolmetscher in der Nähe war!): „Die Chinesen behandeln uns wie Menschen zweiter Klasse. Die Besatzer sollen nach Hause. Der Dalai Lama soll zurückkommen."

Wer dieses Buch liest, wird Tibet und Tibeter besser verstehen lernen. „Der stille Ruf nach Freiheit" ist mehr als die Verarbeitung von vier Tibetreisen. Es ist praktizierte Solidarität, ja sogar eine Liebeserklärung gegenüber einem der freundlichsten Völker und einer der geheimnisvollsten und schönsten Landschaften unseres Planeten.

Für westliche Rationalisten und Materialisten kann eine Begegnung mit dem religiösen Tibet heilsam sein – falls wir lernfähig sind. Dieses Buch ist in Wort und Tat eine Herausforderung an unsere innere Lernfähigkeit.

Franz Alt

Rapsfeld in der Nähe von Gyantse. Der goldgelbe Raps leuchtet in der Nachmittagssonne vor einer dunklen Gewitterwand. Raps wird in Tibet als Viehfutter und für die Ölgewinnung verwendet.

„Ich kenne kein Volk, das so wie die Tibeter einen frohen inneren Frieden mit natürlicher Güte allen Lebewesen gegenüber paart."
Toni Hagen

Tibet und die Freiheit

Es war einmal ein großes Land, das lag mitten in Asien und viel näher am Himmel als andere Länder. Deshalb lebten und regierten in diesem Land auch mehr Götter als in der übrigen Welt. Die Menschen dort liebten und verehrten ihre Götter, sie lachten, sangen und tanzten gerne und viel. Dieses Land wurde „Schneeland" genannt. Die Menschen in „Schneeland" waren arm: Sie besaßen weder Autos noch Straßen, sie hatten keine Fabriken, keine Flugzeuge und auch keine Kanonen. Aber die Menschen in „Schneeland" waren dennoch reich, reich an ideellen Werten, reich an Kultur und Religion.

In „Schneeland" gab es viel Gold, dafür hätten die Menschen leicht materiellen Reichtum kaufen können. Doch sie verzichteten und schenkten das Gold lieber ihren Göttern.

Obwohl „Schneeland" von unvorstellbar hohen Bergen umgeben war, drängten doch fremde Menschen dorthin, um Handel zu treiben und um zu missionieren. Aber die Tibeter, so nannten sich die Bewohner in „Schneeland", wollten nicht missioniert werden und Handel erschien ihnen nicht lebenswichtig.

Deshalb sperrten sie ihre Grenzen zu. Sie wollten alleine sein in ihrem Land auf dem Dach der Welt; alleine mit dem Wind und den Sternen, alleine mit dem Schnee und den Bergen, alleine mit ihrer Freiheit und mit ihren Göttern. Sie brauchten nicht den Lärm der Welt außerhalb ihres Landes.

Das alles war einmal. Andere Menschen – auch aus Asien – mit einer fremden Sprache und Kultur, drangen mit Waffengewalt in Tibet ein, erschossen und vertrieben die friedliebenden Bewohner, zerstörten ihre Klöster und Kultstätten und lehrten Kommunismus und Atheismus.

Mit dieser für Tibet neuen Lehre nahmen sie den Menschen in „Schneeland" ihre nahezu grenzenlose Freiheit. Fast 40 Jahre haben sie gelehrt, zerstört, gefoltert und umerzogen. Aber ihr Erfolg war nur gering. Die Menschen in „Schneeland" hörten den Chinesen zu und vertrauten doch weiter auf ihre Götter und ihren im Exil lebenden Gottkönig, den Dalai Lama, der seine in Unfreiheit lebenden Landsleute immer wieder mit erstaunlicher Beharrlichkeit aufforderte, den gehaßten Widersachern aus Peking friedlich und ohne Gewalt zu begegnen. Nie haben Bombenattentate, Flugzeugentführungen oder Geiselnahmen von tibetischer Seite die Welt aufhorchen lassen. Nie ist es zu lauten Kundgebungen gekommen.

Und doch rufen Tibeter – verstreut in allen Erdteilen – nach Freiheit. Nur sind die Menschen der westlichen Welt unempfindlich geworden. Vielleicht weil Freiheit so selbstverständlich ist. In unserer lauten und lärmenden Zivilisation bleiben leise Rufe ungehört. Sie sind nicht populär, nicht werbewirksam, nicht modern.

Im Oktober 1987, nach jahrelanger Unterdrückung, wurde aus jenem stillen Ruf ein lauter Aufschrei, der die Welt aufhorchen ließ.

Zum ersten Mal nach langen Jahren der Fremdherrschaft flogen Steine gegen die Chinesen, zum ersten Mal wurden Autos und Häuser der Besatzungsmacht in Brand gesteckt und zum ersten Mal wurde Tibets Ruf nach Freiheit so laut, daß die Weltpresse ihn hören mußte! Aber die Steinwürfe von Lhasa und die darauf erfolgten Schüsse haben die tibetische Tragödie nicht verändert, noch nicht. Weiterhin leidet das tibetische Volk an den repressiven Maßnahmen der Chinesen.

Tibeter im Exil fordern:
„Wir wollen das Recht, im eigenen Land ein Leben ohne Fremdbestimmung zu führen. Wir fordern ein Tibet für die Tibeter. Dies ist das elementarste Grundrecht eines Volkes. Tibet ist nicht China und Tibeter sind keine Chinesen!" (Tibet Info)

Ich habe dieses Kapitel mit dem Satz begonnen: Es war einmal. So begannen die meisten Märchen. Und märchenhaft klangen auch die alten Geschichten aus Tibet, fast unglaublich!

Als einer der ersten Europäer erreichte der Holländer van de Putte im Jahr 1735 die verbotene Stadt Lhasa. Kurz vor seinem Tode verbrannte er all seine tibetischen Tagebücher mit der Begründung, niemand würde seinen Aufzeichnungen Glauben schenken. Solche Handlungen wurden rasch zur Wurzel von Legenden, Gerüchten, unglaublichen Erzählungen und Spekulationen, die letztlich Tibet mit einem nebelhaften Mythos umgaben.

Während die Welt nur sehr wenig vom wahren Tibet wußte, sickerte doch die Vorstellung durch, daß in Tibet die Menschen glücklich mit ihren Göttern lebten, daß die Tibeter mehr vom Sinn unseres Daseins wußten als wir im materialistisch geprägten Abendland.

Forscher und Abenteurer drängten nach Tibet. Dort gab es Unbekanntes zu entdecken. Zudem lockten Verbote, die paradoxerweise immer ganz besonders zum Abenteuer reizen.

Die französische Orientalistin, Forscherin und Schriftstellerin Alexandra David-Néel, der wir so frühe und großartige Informationen über Tibet verdanken, begründet ihren ersten Besuch in Lhasa so: „Mein Hauptansporn zur Reise nach Lhasa war einfach das strenge, unsinnige Verbot, Zentraltibet zu betreten!"

Wasser auf die Mühlen aller Tibetlegenden brachte auch der berühmte utopische Roman und Weltbestseller von James Hilton „Der verlorene Horizont" (Lost Horizon), in dem in einem tibetischen Lama-Kloster, in Shangri-La, das Idealbild einer menschlichen Gemeinschaft so verführerisch entworfen wird, daß der intelligente und aufgeklärte Held Conway Shangri-La als letzte rettende Oase in unserer lauten und alle Lebenswerte zerstörenden Welt erkennt. So steht Shangri-La bis heute als Sinnbild für glückliche Menschen, die einander Gutes tun.

Alexandra David-Néel, Sven Hedin, Herbert Tichy, Heinrich Harrer, Ernst Schäfer, Lama Govinda mit seiner Frau Li Gotami und andere Forscher, Reisende und Diplomaten brachten einen wahren Schatz an Tibet-Informationen an die Öffentlichkeit. Dann folgte das für Tibet so tragische Jahr 1950. Chinesische Militärs besetzten Tibet und zwangen den damals noch jugendlichen Gottkönig zur Flucht in das indische Exil. Mit dem Dalai Lama verließen 100000 Flüchtlinge, vor allem die gesamte Oberschicht, das „Schneeland". Der Flüchtlingsstrom aus Tibet ist bis heute nicht versiegt.

Die bis dahin mit so vielen Legenden umwobenen Tibeter wurden im Exil verwundert aufgenommen: Vor allem ihre unvergleichliche Heiterkeit und Gelassenheit trotz des grauenvollen Schicksals beeindruckte. Woher hatten diese Menschen die Kraft, so zu lachen, weiter Gewaltlosigkeit zu fordern und immer noch an Gerechtigkeit zu glauben? Kamen sie doch aus Shangri-La? Gab es in Tibet wirklich dieses friedliche „Tal aller heiligen Zeiten", in dem ein glückliches Leben ohne Krieg, Haß, Eifersucht und ohne Umsatz und Wachstumszwang möglich ist?

Viele zivilisationsmüde Aussteiger aus allen Schichten der westlichen Welt zogen in die Himalayaländer Kaschmir und Nepal, um Tibet nahe zu sein. Die Grenzen waren nach der militärischen Annexion noch viel dichter als vorher. Nicht einmal Gerüchte drangen aus Tibet in die Außenwelt. 1971 lebte ich selbst einige Wochen lang in Pokhara zusammen mit britischen, holländischen und amerikanischen „Hippies". Wir erlebten damals, wie Maultierkarawanen bei Dunkelheit mit Waffen beladen wurden und von Pokhara aus über die alten Handelsrouten auf den langen und beschwerlichen Wegen durch das Kali-Gandaki-Tal hinauf nach Tibet geschickt wurden, um die dortigen Khampa-Soldaten, Dalai-Lama-treue Untergrundkämpfer, zu unterstützen. Waffenumschlagplatz und Khampa-Stützpunkt war das bis heute verschlossene Königreich Mustang zwischen Nepal und Tibet, 16 Karawanentage von Pokhara entfernt.

Diese schwer zu erklärenden Sehnsüchte, Wünsche und Träume, die Tibet wachruft, hat Lama Anagarika Govinda, ein deutschstämmiger Amerikaner, so formuliert: „Tibet ist zum Symbol alles dessen geworden, was der heutigen Menschheit verlorengegangen ist und was ihr auf immer zu entschwinden droht. Obwohl sie sich zuinnerst danach sehnt:

die Sicherheit und Stabilität einer Tradition, die ihre Wurzeln nicht nur in einer historischen oder kulturellen Vergangenheit hat, sondern im innersten Wesen des Menschen, in dessen Tiefe diese Vergangenheit als ein ewig gegenwärtiger Quell geistiger Schöpferkraft verborgen liegt. Und mehr noch: Was in Tibet vor sich geht, ist symbolisch für das Schicksal der Welt. Wie auf einer ins Riesenhafte erhobenen Bühne spielt sich vor unseren Augen der Kampf zwischen zwei Welten ab, der je nach Standpunkt des Beobachters entweder als Kampf zwischen Vergangenheit und Zukunft, zwischen Rückständigkeit und Fortschritt, Religion und Wissenschaft, Aberglaube und Vernunft gedeutet werden kann – oder als Kampf zwischen Mensch und Maschine, geistiger Freiheit und materieller Macht…"

Warum war Tibet abgeschlossener und geheimnisvoller als der Rest der Welt? Die Antwort ist in Tibets außergewöhnlichen Lage begründet. Das über eine Million Quadratkilometer große Land (etwa fünfmal so groß wie die BRD) liegt im Durchschnitt so hoch wie Europas höchste Alpengipfel, etwa 4500 Meter! An drei Seiten versperren gewaltige Gebirge jeden natürlichen Zugang. Hoch im Norden erstreckten sich die bis heute fast unbekannten Ketten des Kunlun und Tang-La-Gebirges. Im Westen wachen die Sieben- und Achttausender des Karakorum sowie die Gipfel von Ladakh und im Süden liegt schließlich der über 2000 km lange Bogen des Himalaya als natürliche Sperre.

Nur im Osten scheint es einen Zugang nach Tibet zu geben. In Tibet selbst entspringen so große Flüsse wie Yangtse, Mekong und Salwen. Sie durchfließen zunächst das tibetische Hochland und graben dann im Osten drei tiefe, parallele Schluchten, die Richtung Süden verlaufen und fast so schwer zu überwinden sind wie alle Gebirgspässe nach Tibet.

Deshalb ist Tibet auch nie ein Durchgangsland für wandernde Völker gewesen. In diesem vom Wind gepeitschten Hochland, in dem es nur wenig Niederschläge gibt, hat sich aufgrund dieser Ausgesetztheit eine völlig eigenständige Kultur entwickelt. In der Tat haben die Chinesen Tibet auch seit 2000 Jahren – oder länger – als ein eigenständiges Volk angesehen und anerkannt. Die Sprache der Tibeter hat einen tibeto-birmanischen Ursprung und nichts mit der chinesischen Sprache zu tun. Ihre Schrift entwickelten sie im 7. Jahrhundert aus dem indischen Sanskrit-Alphabet.

Als die erste britische Militärexpedition 1904 in Tibet bis Gyantse vorstieß, hat Younghusband mit Lhasa verhandelt und nicht mit Peking. Als die Engländer 1921 erstmals den Mt. Everest von der Nordseite aus erkunden wollten, gab ihnen der Dalai Lama in Lhasa Sonderpässe und Reisegenehmigungen für die Grenzregion, nicht aber die Regierung in Peking. Und kein chinesischer Diplomat hat diese Tatsachen je kritisiert oder gar angefochten. Und wenn Tibet über Jahrhunderte für Ausländer gesperrt war, dann kamen diese Verbote ebenfalls immer aus Lhasa und nie aus Peking. Seit 1912 – damals wurde die chinesische Macht durch die Revolution geschwächt und Tibet vertrieb alle Chinesen aus dem Land – war Tibet vollkommen unabhängig und in allen wesentlichen Fragen entschied die tibetische Regierung selbständig.

Es ist dagegen richtig, daß Tibet mit keinem anderen Land so enge Kontakte pflegte wie mit China und der Mongolei, nicht zuletzt durch die verwandtschaftlichen Verbindungen der alten Herrscherhäuser. Gute Beziehungen pflegte Tibet auch zu Nepal und Indien, denn aus Indien stammte seine alles beherrschende Religion, der Buddhismus. Das tiefgläubige buddhistische Tibet durch einen gewaltsamen Militärstreich, durch politische Umerziehung und Gehirnwäsche zu einem kommunistischen und atheistischen Vasallen Chinas umfunktionieren zu wollen, ist genauso absurd und töricht wie das gescheiterte sowjetische Experiment im streng moslemischen Afghanistan.

Die chinesischen Invasoren sprechen natürlich nicht von Annexion, sondern von Befreiung. Öffentlich ausgesprochen wurde die „Notwendigkeit einer Befreiung Tibets" erstmals vom chinesischen Ministerpräsidenten Tschou En-Lai am 30. September 1950 auf dem ersten Jahrestag nach der Gründung der Volksrepublik China.

Es gilt festzuhalten, daß Tibet vor 1950 durchaus kein Paradies war und auch kein Shangri-La, wie viele Ausländer glaubten. In Tibet herrschte teilweise

Nomadenfamilie in Westtibet. Während die Mutter und die große Tochter bereits chinesische Turnschuhe tragen, sehen wir bei dem Jungen noch tibetische Stiefel, die viel wärmer und gesünder sind als die modischen Turnschuhe aus Peking. Sonnenbrillen (bei der Mutter) sind in Tibet nicht neu, die hat es auch schon vor der chinesischen Zeit gegeben.

Der Außenstehende mag solche Nomadenzelte als primitiv und rückständig bezeichnen. Das Lachen der Familie beweist das Gegenteil. Freie Nomaden haben in Tibet nie gehungert und gefroren.

Ungerechtigkeit und Amtsmißbrauch, das Land war äußerst rückständig. Es gab Leibeigene, korrupte Mönche, Räuber und Banditen unter den Nomaden und Strafen für Gefangene, die nicht human, sondern eher mittelalterlich waren.

Aber, um das zu ändern, bedurfte es keiner militärischen „Befreiung" durch eine Armee, die unendlich viel mehr Leid über das Volk brachte.

Der 14. Dalai Lama war zu dieser Zeit fast noch ein Kind. Dennoch schmiedete er große Pläne für sein Tibet. Am 20. Juni 1959 nahm der Dalai Lama in einer ersten Pressekonferenz nach seiner Flucht im indischen Mussoorie auch zu dieser immer wiederkehrenden Kritik an Tibet Stellung und sagte unter anderem:

„Wir denken nicht daran zu verschweigen, daß unser Land ein sehr altertümliches Land ist, und daß sofortige Änderungen im Interesse des tibetischen Volkes geschaffen werden müssen. Tatsächlich wurden während der letzten neun Jahre verschiedene Reformen von mir und meiner Regierung vorgeschlagen; doch jedesmal widersetzten sich die Chinesen hartnäckig, obwohl ein öffentliches Bedürfnis nach diesen Reformen bestand, und das Ergebnis war infolgedessen, daß nichts zur Verbesserung der sozialen oder wirtschaftlichen Verhältnisse des Volkes geschah. So war es vor allem meine Absicht, das bisherige System des Grundbesitzes ohne weiteren Verzug radikal zu verändern; Großgrundbesitz sollte vom Staat durch Bezahlung einer Entschädigung erworben und an die Bauern, welche das Land bestellten, verteilt werden. Doch die chinesischen Autoritäten legten dieser gerechten und vernünftigen Reform jedes nur erdenkliche Hindernis in den Weg. Ich lege Nachdruck auf die Feststellung, daß wir, die wir fest an den Buddhismus glauben, jeden Wechsel und Fortschritt begrüßen, der mit dem Geist unseres Volkes und der reichen Überlieferung unseres Landes im Einklang steht."

Nach der sogenannten „Befreiung" sind Armut und Not auch heute, nahezu 40 Jahre später, größer als vor 1950. Damals, so berichtet der britische Augenzeuge und hervorragende Tibetkenner Hugh Edward Richardson, gab es beispielsweise regelmäßig einen Getreidevorrat für drei Jahre! Außerdem besaßen die Tibeter große Herden von Schafen, Ziegen und Yaks, die sie vor Hungersnöten schützten. Hunger kannten die freien Tibeter nicht! Fast jeder Tibeter, der sich mit Landwirtschaft beschäftigte, besaß mindestens fünf bis sechs Rinder und etwa 30 Schafe. Das Land, das ihm selbst als Leibeigener zur Verfügung stand, ergab für ihn einen jährlichen Ertrag von 100–150 Khaes Gerste. 1 Khaes sind 40–60 Körbe! Die bessergestellten Bauern ernteten pro Jahr einige Tausend Khaes Gerste und hatten eigene Ersparnisse von rund 10000–20000 indischen Rupien.

Tibetische Nomaden und ihre Familien besaßen bis zu 1000 Yaks und bis zu 10000 Schafe. Der Untersuchungsausschuß einer internationalen Juristenkommission, die nach der chinesischen Invasion von neutralen Ländern eingesetzt wurde, kam zu der Feststellung, daß die durchschnittliche Lebenshaltung der Tibeter seit der chinesischen Herrschaft weit unter seinen früheren Standard gesunken war und daß die „wirtschaftlichen und sozialen Verbesserungen" der chinesischen Propaganda lediglich den Besatzungstruppen zugute kam.

Die Tibeter erzeugten alle erforderlichen Grundnahrungsmittel selber, sie webten Wolle für ihre Kleidung. Aus China kauften sie Ziegeltee, Porzellan und Seide; aus Indien Eisen, Kupfer, Baumwolle, Reis und Zucker. Dafür exportierte das Land Wolle, Häute und Borax, so daß mit den dafür erhaltenen Devisen alle Importe bezahlt werden konnten. Eine Staatsverschuldung hat es in Tibet nie gegeben.

So war Tibet zwar rückständig, aber doch frei und unabhängig.

Im Verlag für fremdsprachige Literatur erschien 1964 in Peking eine Propagandaschrift in deutscher Sprache. Darin ist zu lesen: „In Folge des feudalistischen Leibeigenschaftssystems bot Tibet vor der Befreiung ein jämmerliches Bild von politischer Korruption, wirtschaftlicher Stagnation und kultureller Rückständigkeit. Die drei großen Feudalherren – die reaktionäre örtliche Regierung von Tibet, die Klöster und der Adel – die nicht ganz 5% der Gesamtbevölkerung Tibets ausmachten, aber den ganzen Boden und die größte Zahl von Zugtieren besaßen, beute-

ten die breiten Volksmassen Tibets bis aufs Mark aus. Die Leibeigenen, denen vielfältige Steuern und Abgaben auferlegt wurden, waren den verschiedensten grausamen Folterungen ausgesetzt: Prügeln, auspeitschen, Zungen abschneiden, Augen ausstechen, Haut abziehen. Das alte Tibet war eine Hölle auf Erden!
Seit der friedlichen Befreiung im Jahr 1951, insbesondere nach der demokratischen Reform von 1959, sind in Tibet gewaltige Veränderungen vor sich gegangen. Dank der Führung und Fürsorge des Vorsitzenden Mao Tsetung und der kommunistischen Partei Chinas hat die Million tibetischer Leibeigener das reaktionäre, rückständige System der feudalen Leibeigenschaft ein für allemal zerschlagen und aufgrund der demokratischen Reform eine sozialistische Umgestaltung eingeleitet. Ehemalige Leibeigene sind nun Herren des Landes geworden und haben ihre Geschicke in die eigene Hand genommen."
Wäre in dieser Aussage nur eine Spur von Wahrheit, dann brauchten die Tibeter heute nicht mit Steinen auf ihre „Befreier" zu werfen, dann würden nicht Millionen Menschen sehnsüchtig auf die Rückkehr ihres Gottkönigs warten, dann würden viele Tibeter sogar die Formulierung „Autonome Region der Volksrepublik China" tolerieren. Nein, die Wahrheit und die Wirklichkeit sehen ganz anders aus. Nur die geistige Unabhängigkeit ist im „Schneeland" geblieben. Nie werde ich die leuchtenden Augen der tibetischen Pilger vergessen, die ich an ihrem heiligsten Berg Kailas traf, nie das unbeschwerte Lachen und die Lieder der Nomaden im Hochland. Und als ich dem Dalai Lama meine Tibetbilder vorführte, sah er kaum die zerstörten Klöster, sondern nur die tiefe Frömmigkeit der Menschen und meinte anschließend gutgelaunt: „Die Klöster haben sie uns genommen, der Glaube aber hat überlebt und dafür bin ich dankbar!"

Trabanten des Mt. Everest. In der Bildmitte der 6640 m hohe Khumbutse, rechts dahinter der Gipfel des Lingtren, 6697 m hoch. Im Vordergrund die berühmten Blaueis-Türme des Rongbukgletschers. Diese faszinierende Aussicht hatten wir auf einer Wanderung vom Everest-Basislager hinauf zum Lager 1 oberhalb des Rongbuk-Shar-Gletschers.

Der Weg nach Tibet

„Der Weg nach Tibet ist nicht mit Rosen bestreut, und die einzige Musik, die man hört, ertönt von den kupfernen Glocken, deren Takt den müden Gang der totgeweihten Kamele, Pferde und Maultiere begleitet."
Sven Hedin

Der britische Sprachwissenschaftler Dr. William Montgomery McGovern hat einmal gesagt: „Wer nach Lhasa gelangen will, muß zunächst die enormen physischen Schwierigkeiten überwinden, die den Weg nach Tibet versperren, und wenn er Eis und Schnee, Felsen und Klippen besiegt hat, findet er vor sich eine erregte Bevölkerung, die den Weitermarsch verbietet und unter Todesdrohungen die Rückkehr verlangt!"

Heute ist das anders. In unserer schnellebigen Zeit sind wir Menschen Sensationen und Superlative gewöhnt, wir nehmen sie kaum noch bewußt zur Kenntnis. Oder empfinden wir es etwa als Sensation, wenn wir heute in das nächste Reisebüro gehen und dort eine Woche Lhasa mit Vollpension buchen können? Das ist eine Sensation, die vor 20 Jahren niemand für möglich gehalten hätte. Schon morgen kann ich losfliegen, übermorgen bereits vor dem Potala stehen, oder gar den Kailas im Rahmen einer Pauschalreise mit Vollpension und landeskundlicher Führung besuchen.

Vor fünf Jahren habe ich in Peking mit hohen Regierungsfunktionären über eine Reisegenehmigung zum heiligen Berg Kailas diskutiert. Ich kam gerade aus Lhasa zurück, wollte nur die Erlaubnis einholen und versicherte, daß ich mit zwei Pferden, zwei Yaks und einem Treiber den Kailas gut erreichen werde. Die durchaus freundlichen Chinesen lächelten und antworteten höflich:

„Unmöglich! Zum Kailas führt keine Straße, die Sicherheit ist in Westtibet für Reisende nicht gewährleistet. Nein, der Kailas ist kein Reiseziel!"

Wenige Wochen später rief mich die Redaktion von MERIAN an und fragte, wo in aller Welt kann man ein farbiges Bild vom Kailas auftreiben? Ich wußte es nicht. Außer den Schwarz-Weiß-Fotos meines alten Freundes Herbert Tichy (aus dem Jahre 1936) schien es im gesamten Westen kein einziges Foto dieses heiligsten Berges der Welt zu geben und schon gar kein Farbfoto.

Heute, nur wenige Jahre danach, leuchtet der Kailas weiß und stolz vor einem dunkelblauen Tibethimmel aus jedem besseren Reisekatalog.

Daß eine Reise nach Tibet nicht selbstverständlich ist und daß der Weg dorthin kein Spaziergang war, das lehren uns die schon erwähnten Tibetforscher und Abenteurer, und in vielen Fällen sind ihre atemberaubenden Berichte noch gar nicht so sehr alt. Der Schwede Sven Hedin überschritt die Grenze nach Tibet zum ersten Mal im Sommer 1893. Sein Traumziel Lhasa hat er nie erreicht. Er reiste mit einer stattlichen Karawane, Dienern und Führern und auch mit einem respektablen finanziellen Rückenpolster in Europa:

„Meine Mittel waren knapp, meine Karawane daher nur klein, 21 Pferde, 6 Kamele und 29 Esel. Wir zogen dem Winter entgegen, hinauf zu den schwindelnden Höhen eines unbekannten und unbewohnten Landes. Schon Anfang August froren Bäche und Seen zu. Unser Proviant war für 2½ Monate berechnet. Der einzige Proviant, der die Last der Tragtiere nicht vermehrte, waren 12 Schafe und zwei Ziegen, die wir in Dalai-Kurguan gekauft hatten, so wie die Tiere der Wildnis; Antilopen, Wildesel und Yaks. Anfang August begann unser Marsch ins Unbekannte. Von da an schenkte uns jeder Tag ein Stück neues Land, auf das ein Weißer noch nie seinen Fuß gesetzt hatte. Mit Stolz betrachtete ich meine erste Karawane in Tibet. Die Lasttiere schritten in dunklen Reihen die gewundenen, stillen Täler aufwärts, die seit Millionen von Jahren in ungestörter Ruhe geschlummert haben. An der Spitze die Kamele mit ihren Führern, dann die Pferde, begleitet von Reitern und Fußgängern. Hinterher trippelten die Esel und die Schafe mit ihren Hirten. Ich selbst ritt am Schluß, da ich stets damit beschäftigt war, die Karte zu zeichnen."

Ganz anders liest sich der Reisebericht von William Montgomery McGovern aus England, der sein Glück genau 30 Jahre nach Sven Hedin als verkleideter Kuli in Tibet versuchte und tatsächlich schon 15 Tage nach seinem Grenzübertritt die verbotene Stadt unerkannt erreichte:

„Wir warfen den letzten Blick auf die indische Seite. Viele Meilen weit konnten wir die Spitzen des Himalayagebirges sehen, bis sie in einer Schicht von Wolken und Nebel verschwanden. Vor uns lag der lange und gefährliche Weg durch das verbotene Land wie drohendes Unheil. Wir hatten unsere Kräfte im Kampf mit Schnee und Hunger in den Pässen erschöpft, und jetzt, da wir die Höhe erreicht hatten, war es uns, als ob wir nicht am Ende, sondern erst am Anfang der Schwierigkeiten wären. Noch hatten wir die furchtbaren Winde und die beißende Kälte der blanken tibetischen Ebene vor uns – eine Kleinigkeit, wenn es das einzige gewesen wäre –, aber es war noch mehr als nur die Natur, die wir zu bekämpfen hatten. Wir waren im verbotenen Land, und jeder Schritt näher zur heiligen Stadt brachte uns in größere Gefahr der Entdeckung, denn die Wacht gegen fremde Eindringlinge, die an der Grenze und in dem unbewohnten Land locker gehandhabt wird, ist um so strenger, je näher man der Hauptstadt kommt, und selbst wenn wir nach der fast unmöglichen Überwindung der Schwierigkeiten das Ziel erreichten, blieb noch eine große Gefahr – ein Angriff durch die fanatischen Mönche aus den großen Zentralklöstern."

Solche Reiseberichte haben nie abschreckend gewirkt, sondern waren eher ein Ansporn. So beginnt Herbert Tichy eines seiner vielen großartigen Bücher mit dem Satz:
„Sven Hedin ist schuld daran, daß ich viele Jahre meines Lebens in Asien verbrachte – und ich bin ihm heute noch dankbar dafür." Als ich Herbert Tichy meine eigenen Kailas-Bilder und alle Fotos dieses Buches noch wenige Monate vor seinem Tod im September 1986 in Wien zeigen konnte, war er 76 Jahre alt und seine Augen leuchteten immer noch bei Worten wie Tibet, Dalai Lama und Kailas. Doch nach Tibet wollte Herbert Tichy nicht mehr gehen.

„Die Enttäuschung wäre zu groß", sagte er, „Ich kenne noch das alte Tibet, das freie Tibet, und nur das möchte ich in meiner Erinnerung behalten. Was die Chinesen aus diesem Land gemacht haben, ist ein Verbrechen – und die Welt erkennt das nicht! Laß mir meine Erinnerung! Tibet wurde bestraft, weil es rückständig ist. Ich bin auch rückständig, ich habe nie im Leben ein Auto gekauft und nie ein Fernsehgerät, aber hier in Österreich wird man dafür nicht bestraft. Ich habe in Wien Schule und Universität besucht, wichtige Dinge aber habe ich alleine in Tibet gelernt. Und genau das haben die Chinesen zerstört. Deshalb möchte ich nie wieder hin!"

Unter völlig anderen Vorzeichen als Herbert Tichy und William Montgomery McGovern suchte der Österreicher Heinrich Harrer 1944 seinen Weg nach Tibet. Er war zusammen mit seinem Freund Peter Aufschnaiter aus einem britischen Gefangenenlager in Nordindien geflohen. Der einzige Weg in die Freiheit der Flüchtlinge führte über den Himalaya nach Tibet. Sieben Jahre blieb Harrer in dem Land, das ihm rasch zur zweiten Heimat wurde und sein Leben bis heute geprägt hat. Am 17. Mai 1944 überschritt Heinrich Harrer die indisch-tibetische Grenze, 80 Wochen (!) später, am 15. Januar 1946 erreichten Harrer und Aufschnaiter nach unglaublichen Strapazen und Leistungen die verbotene Stadt Lhasa und wurden enge Freunde des Dalai Lama:

„Am Fuße des Passes bezogen wir unser letztes Lager in Indien. Anstatt uns an den erträumten vollen Fleischtöpfen zu laben, buken wir auf heißen Steinen aus unserem letzten mit Wasser angerührten Mehl spärliche Fladen. Es war bitterkalt und wir waren gegen den beißenden Himalayawind, der das Tal herauffegte, nur durch eine Steinmauer geschützt. Es war der 17. Mai 1944, als wir endlich auf der Paßhöhe des Tsangtschokla standen. Ein denkwürdiger Tag! Aus den Karten wußten wir, daß dieser Übergangspaß 5300 m hoch war. Hier also hatten wir die in so vielen Wunschträumen geschaute Grenze zwischen Indien und Tibet erreicht. Hier konnte uns kein Engländer mehr verhaften, und zum ersten Mal genossen wir das ungewohnte Gefühl der Sicherheit. Wir wußten nicht, wie die tibetische Regierung uns behandeln würde, doch da unsere Heimat nicht im Kriegszustand mit Tibet war, hofften wir zuversichtlich, auf gastliche Aufnahme. Die Paßhöhe war durch Steinhaufen und Gebetsfahnen gekennzeichnet, die fromme Buddhisten ihren Göttern geweiht hatten. Obwohl es sehr kalt war, hielten wir eine lange Rast und überdachten unsere Lage. Wir besaßen fast keine Sprachkenntnisse, nur wenig Geld, vor allem waren wir nahe am Verhungern und mußten daher so bald wie möglich eine menschliche Siedlung erreichen. Doch so weit unser Blick reichte, gab es nichts als öde Täler und Berge."

Nach der chinesischen Besetzung schien es keinen Weg mehr nach Lhasa zu geben, die Grenzen waren dichter als je zuvor. In den Jahren 1963 und 1964 waren die britischen Journalisten Stuart und Roman Gelder in Lhasa und 1975 luden die chinesischen Behörden die Eurasierin Han Suyin nach Tibet ein. In ihrem Buch „Chinas Sonne über Lhasa" wird das neue, „befreite" Tibet dermaßen gelobt, daß fast alle westlichen Rezensenten skeptisch und ungläubig reagierten.

1980 wurde Tibet dann erstmals für westliche Besucher und Touristen geöffnet. Nicht Tibet, sondern eigentlich nur die drei wichtigsten Städte Lhasa, Schigatse und Gyantse. Die Reiseprogramme wurden von der chinesischen Regierung genau vorgeschrieben, Hotels und Restaurants gab es nicht. Die ersten Reisegruppen wohnten in Gästehäusern innerhalb chinesischer Kasernen. Die Chinesen hatten auch noch keine Busse und keine Jeeps für den Touristentransport. Der amerikanische Tourveranstalter Lindblad-Travel stellte den Chinesen die ersten Fahrzeuge zur Verfügung und rüstete die Gästehäuser mit Kühlschränken aus. Dafür sicherte sich Lindblad eine Monopolstellung und verkaufte Touristenkontingente recht teuer an andere Tourveranstalter. China erhoffte sich von dieser ersten Öffnung westliche Devisen, und entsprechend teuer mußte man bezahlen. Erste Tibettouren Anfang der Achtzigerjahre kosteten etwa 1000 DM pro Tag!

Im ersten Jahr der Öffnung 1980 bekam der Deutsche Alpenverein sogar eine Genehmigung für die Besteigung des 8046 m hohen Shisha Pangma, 1000 km westlich von Lhasa und mußte für diese Großzügigkeit viel Geld und nützliche Fahrzeuge im Land lassen. Die erste westliche Shisha-Pangma-Expedition bestieg nicht nur den Gipfel des einzigen Achttausenders auf tibetischem Boden, sie brachte auch hervorragende Farbaufnahmen und einen 16-mm-Film aus Tibet heim.

Im gleichen Jahr konnte Reinhold Messner für den stolzen Betrag von 50000 US-Dollar den Mt. Everest von der Nordseite aus alleine besteigen. 1985 durfte Messner auch bis zum Kailas fahren, die teuren Autos mußte er anschließend ebenfalls der chinesischen Regierung schenken.

Ein Jahr nach der Öffnung war ich unterwegs nach Lhasa, mit Lindblad-Travel. Mit von der Partie war der Erstbesteiger des Mt. Everest, Tenzing Norgay, der gut tibetisch sprach und mir rasch zum Freund wurde. Wir fuhren zunächst mit der chinesischen Eisenbahn von Hongkong nach Kanton. Dann flogen wir nach Chengdu und schließlich mit einer chinesischen Propellermaschine über die großen, kalten und noch ganz unbekannten Berge von Szetschuan in nur viereinhalb Stunden nach Lhasa. Das Flugzeug landete 110 km von Lhasa entfernt in 3800 m Höhe, so daß uns die dünne Luft den Atem verschlug.

1984 legte ich die Strecke von Chengdu nach Lhasa, aus Peking kommend, bereits mit einer Düsenmaschine in nur zweieinhalb Stunden zurück, und die Jeepfahrt vom Flugplatz nach Lhasa dauerte noch einmal ebensolange wie der Flug. Chengdu ist über 2000 km von Lhasa entfernt, und die neue von China gebaute Straße, die quer durch die wilde Gebirgslandschaft geht, ist genau 2800 km lang.

In jenen ersten Jahren des Tibet-Tourismus fielen alle Fremden buchstäblich vom Himmel in das Hochtal von Lhasa ein und hatten zwei bis drei Tage – oder länger – mit der dünnen, sauerstoffarmen Luft zu kämpfen. Die Unkenntnis und Unerfahrenheit mit der Höhenanpassung seitens der Veranstalter und Reisenden forderte manchmal sogar Todesopfer. So lauerten auf den neuen Wegen nach Tibet nicht mehr die Gefahren wie einst den Pionieren: Schneestürme, Hunger und Kälte und fremdenfeindliche Mönche, sondern Krankheit und Tod durch Unerfahrenheit und Leichtfertigkeit.

Ich selbst spreche nicht tibetisch. Aber auf meiner ersten Reise half mir Sherpa Tenzing immer mit seinen Sprachkenntnissen, so daß ich mich mit Tibetern verständigen konnte. 1984 reiste ich mit chinesischen Führern bis zum Mt. Everest. Die Chinesen sprachen ebenfalls kein Wort tibetisch und weigerten sich oft, in tibetischen Dörfern und bei tibetischen Nomadenlagern anzuhalten. Wir sollten nur zu neuen chinesischen Errungenschaften wie Schulen, Fabriken und Krankenhäusern geführt werden und tibetische Tradition möglichst gar nicht oder nur aus der Ferne sehen. Die Reiseleiter waren für diesen Zweck in Peking geschult. Ich war tief beeindruckt, ja erschüttert, als sich einer unserer Reiseleiter nach der Tour in Lhasa mit Tränen in den Augen verabschiedete und mir gestand: „Alles, was ich erzählt habe, ist nicht wahr. Aber ich mußte es erzählen. Die Wahrheit hier in Tibet ist nichts als Unrecht! Komm wieder und bring mir ein ehrliches Buch aus dem Westen mit – und lege mir einen Paß in die letzten Seiten. Ich möchte raus, fort und irgendwohin, wo ich die Wahrheit sagen kann."

Ostern 1986 gab es endlich einen ganz neuen Weg nach Tibet. Der Arniko-Highway wurde für Reisende geöffnet. Erstmals konnten wir über die Freundschaftsbrücke fahren und auf dem Landweg das tibetische Hochland erklettern. Durch diese Öffnung wurde der Weg nach Lhasa erheblich verkürzt und vereinfacht, von Kathmandu aus sind es auf dem Arniko-Highway bis in die tibetische Hauptstadt nur 1200 km. Durch diesen neuen Weg wurden Tibetreisen plötzlich um vieles billiger und erschwinglich. Erstmals durften wir jetzt auch eigene Zelte, eigenen Proviant und sogar eine eigene Sherpamannschaft aus Nepal mit nach Tibet nehmen. So wurde 1986 der gesamte Komfort der erfahrenen nepalischen Trekking-Organisationen nach Tibet transferiert. Und mit den Sherpas aus Nepal hatten die Reisenden nun endlich auch zuverlässige und tibetfreundliche Dolmetscher unterwegs in Tibet mit dabei. Wir fuhren mit einem hochbeladenen Lastwagen und mit einem Bus nach Kodari. Für einen Monat hatten wir für etwa 20 Menschen Proviant, Zelte, Schlafsäcke, Küchenausrüstung und sogar Treibstoff für die chinesischen Fahrzeuge bei uns. Zur Sherpamannschaft gehörte ein Sirdar (Sherpaführer), ein Koch mit Küchenjungen, ein technischer Sirdar für den Lageraufbau und drei expeditionserfahrene Sherpas für all die täglich anfallenden Arbeiten auf so einer Reise. Hinter der Freundschaftsbrücke führte die Straße in einer langen Schleife etwa 1000 m steil bergan bis zum tibetischen Grenzdorf Zhangmu mit Schlagbaum, Zollhaus und dem neuen chinesischen Freundschaftshotel; grau, schmucklos und nüchtern häßlich wie die meisten Hotels im Ostblock.

Betont freundlich begrüßte uns hier in Zhangmu unser chinesischer Reiseleiter Chang Chan, Manager des Hotels und Direktor der China Tourism General Corporation, und ließ mich doch gleich wissen, daß unser Sherpa-Sirdar Sangya Dorjee von Mt. Travel Kathmandu nicht einreisen durfte. Die Chinesen würden selbst einen Sirdar stellen, der über die Sherpamannschaft wacht. Doch mit chinesischen Sirdars hatte ich bereits Erfahrungen vom Mt. Everest und machte darum klar, daß entweder wir alle oder niemand einreisen würden.

Drei Stunden lang wurde verhandelt, dann kam das Okay für meinen Sirdar. Wir waren in Tibet. Unsere Fahrzeuge fuhren zurück nach Kathmandu, wir aber luden alle Ausrüstung auf einen chinesischen Truck und verteilten uns in vier Jeeps.

Das erste Lager schlugen wir in 3300 m Höhe, zwei Stunden oberhalb von Zhangmu, mitten im herrlich blühenden Rhododendronwald auf. In unserer Nähe befand sich eine chinesische Kaserne, und viele Soldaten kamen neugierig unser Camp ansehen. Für diese Höhe und die dadurch bedingte Kälte trugen sie alle zu dünne Trainingsanzüge und viel zu leichte Turnschuhe. Fröstelnd standen die Soldaten mit ihren blassen Kindergesichtern um uns herum und staunten sichtlich über all den Komfort des ersten Sherpalagers in Tibet.

Die Morgenkälte weckte uns sehr früh in unseren Zelten. In den duftenden Rhododendronbäumen hatten sich Nebel und Nässe gesetzt. Fröstelnd bauten wir das Lager ab und stiegen in die Autos. Die Schlucht war eng und dunkel. Sturzbäche rauschten von den nahen Shisha-Pangma-Gletschern, die wir jedoch wegen der Enge des Tales nicht sehen konnten. Dem Rhododendron folgten Nadelbäume, feucht und grün bemoost. Wolken jagten über uns und unter uns. Was gestern hoch über uns war, lag schon bald tief unter uns. Immer wieder Kurven, Kehren und tückische Felsen auf dem Weg. Ab und zu Schneereste in den Seitentälern, im Nebel mehr zu ahnen als zu erkennen. Unsere Köpfe begannen zu dröhnen wie ein pausenloser Tempelgong. 4000 Meter zeigte mein Höhenmesser. Plötzlich funkelte Sonnenlicht durch die uns umgebenden fast schwarzen Wolkenbänke, wurde erdrückt und tauchte erneut auf. Doch dann öffnete sich der Himmel wie mit einem Zauberschlag. Die Wolken blieben unter uns zurück, und nach der engen Schlucht zeigte sich eine ganz neue Welt: leuchtende Farben unter einem tiefblauen Himmel, eisige Gipfel, die blau und weiß in der Sonne strahlten. „Die Götter, die dieses Land schufen, müssen schönheitstrunken gewesen sein. Seine wilde Pracht übertrifft jede Vorstellung; sie erfüllt das Herz mit Begeisterung und erhebt die Seele. Weit fort ist jede Stadt, weit fort alle Zivilisation; überall nur heitere Ruhe, Frieden und Erhabenheit", diese Worte des britischen Einsiedlers im Himalaya, Paul Brunton, fielen mir ein. Wie recht er doch hatte. Eine passendere Beschreibung dieser Ankunft in Tibet kann es nicht geben. Der wahre Weg nach Tibet führt auch heute noch über die hohen Pässe des Himalaya und nicht per Flugzeug direkt nach Lhasa!

Ein Jahr später hatte sich dieser Weg bereits gravierend verändert. Bei Zhangmu gab es gewaltige Erdrutsche, auf viele Meilen sackte die chinesische Straße einfach in den Sun Kosi!
1987 fuhr uns der nepalische Bus nur bis Kodari, dann mußten wir mit allen Lasten zwei Stunden lang steil hinauf nach Zhangmu steigen. Eine Stunde Grenzkontrollen und Weitermarsch. Dann noch einmal zwei Stunden bergauf und über steile Hänge, durch Regen und Geröll, bis wir die chinesischen Autos erreichten. Mancher Reisende ist vor den Bergstürzen im eigenen Auto bis Zhangmu gefahren, durfte sein Fahrzeug aber nicht nach Tibet einführen. Man ließ das Auto an der Grenze zurück und setzte die Fahrt mit Linienbussen oder Trucks fort. Dann kamen die Unwetter, ganze Quadratkilometer Berg begannen zu rutschen. So wurden viele Autos in Zhangmu blockiert. Sie stehen heute noch neben dem Schlagbaum. Ein Hinein nach Tibet ist auf diesem Weg ebenso unmöglich wie ein Zurück nach Nepal!

Der Arniko-Highway ist bis heute unterbrochen und wird es auch noch lange bleiben. Nepalische Träger übernehmen täglich die Lastentransporte der Reisenden. Der Tibetbesucher ist dadurch gezwungen, ein gutes Stück des Weges zu Fuß zurückzulegen.
Im September 1987 flog die erste Linienmaschine in der Geschichte der Luftfahrt von Kathmandu nach Lhasa. So wird es neue Wege geben, eventuell einmal Direktflüge von Delhi oder gar von Europa. Vielleicht wird man sich aber auch stärker der alten Pfade erinnern und Trekkinggruppen die Pilgerpfade von Indien zum Kailas erlauben oder die uralte Handelsroute von Namche Bazar über den 5600 m hohen Nangpa-La-Paß hinein nach Tingri.
Erst solche Wege zeigen dem Wanderer die wahre Größe, Höhe und Schönheit dieses Traumlandes. Dazu gehört dann auch das unsterbliche Spiel der Yak- und Ponyglocken, der Gesang von Treibern und Trägern, das rote Spiel der Abendsonne auf den eisigen Gipfeln und der geheimnisvoll und wild heulende Wind des Himalaya.
Wer im Flugzeug in Lhasa landet, ahnt nicht, was alles er verschenkt!

Der Potala, einst Sitz und Residenz der Dalai Lamas, überragt Lhasa mit seinen goldenen Dächern um mehr als 300 m. Seine heutige Größe erhielt der Potala im 17. Jahrhundert unter dem 5. Dalai Lama. In 13 Stockwerken befinden sich mehr als 1000 Räume, unter ihnen viele Audienz- und Versammlungshallen, Privatgemächer, Meditationszimmer und Grabkammern von acht Dalai Lamas mit gewaltigen Reliquiaren aus Gold und Silber, unvorstellbar reich mit Edelsteinen geschmückt. Seit der chinesischen Besetzung ist der Potala, der weltweit zu den eindrucksvollsten Bauwerken zählt, zu einem leblosen „Museum" degradiert.

„Wenn die Worte nicht den Tatsachen entsprechen, dann wird die Regierung in ihrem Tun keinen Erfolg haben"
Konfuzius

Lhasa einst und heute

Lhasa habe ich nie alleine besucht, sondern immer als Reiseleiter mit kleinen Gruppen. Das hat jedesmal Zeit und Nerven gekostet; die chinesischen Führer haben ständig Besuchsprogramme umgeworfen, bei allen Rundgängen gedrängt und strikt ihre viel zu kurz angesetzten Zeiten eingehalten. Die Gruppen wurden sieben Kilometer westlich von Lhasa in einer Kaserne untergebracht. Vor 9 Uhr ließ sich kein chinesischer Fahrer oder Führer bewegen, mit uns in die Stadt zu fahren, und pünktlich um 12 Uhr war dann schon wieder Abfahrt zum Mittagessen zurück in die Kaserne. Die Nachmittagsbesichtigungen begannen jeweils um 15.30 Uhr ab Gästehaus und um 18.30 Uhr mußten wir zum Abendessen zurück sein. So bot uns ein 24-Stundentag tatsächlich ganze 5–6 Stunden Lhasa und mindestens 18 Stunden Kaserne. Dazu kam die totale Lustlosigkeit und Uniformiertheit der uns führenden Chinesen, die nach Tibet zwangsversetzt waren und sich schon wegen der Höhe nicht wohl fühlten. Sie sollten den Besuchern die Pflichtprogramme wie chinesische Tanzschulen, neue Yakfarmen oder Kindergärten zeigen, die niemand sehen wollte. Wer im Westen zahlt schon 1000 DM pro Tag, um sich dafür fragwürdige kommunistische Errungenschaften anzusehen? Tibetbesucher wollten Altes sehen, Tibetisches, Schönes! Und genau das versuchten die Funktionäre zu verhindern. Hier liegt bereits einer der grundsätzlichen chinesischen Fehler. Sie nennen Tibet „Autonome Region" und öffnen diese Region für westliche Besucher, um Devisen zu bekommen, um damit wiederum – so ihre Propaganda – Tibet zu fördern. Warum also lassen sie Reisegruppen nicht von Tibetern führen, und warum haben wir keine tibetischen Fahrer? Warum werden die Gästehäuser nicht von Tibetern unterhalten, die im Lande wohnen?
Das Geld des neuen Tibettourismus kommt ausschließlich den Chinesen zugute; Chinesen werden über gewaltige Entfernungen hierher versetzt, um auf dem Dach der Welt ganz neue Aufgaben zu übernehmen, die Tibeter ebenso ausüben könnten. Ich habe bei meinem ersten Besuch in Lhasa 1981 geglaubt, daß dies typische Anfangsprobleme sind. Aber die Trennung von Tibetern und Chinesen hat sich bis heute nur verstärkt. In Lhasa, wo sich der Tibettourismus konzentriert, läßt sich diese für das ganze Land typische Situation am deutlichsten beobachten. Nur Chinesen bauen neue Hotels. Das heute fertig gebaute Lhasa-Hotel, aus viel unschönem Beton mit 1200 Betten unweit des Potala, wird vom amerikanischen Hotelmulti Holiday-Inn geführt. Beschäftigt sind dort fast ausschließlich Chinesen. 1981 kamen 1500 westliche Besucher nach Tibet, 1987 waren es 40000, und für die neunziger Jahre rechnet die chinesische Tourismuspolitik mit jährlich 100000 Tibetbesuchern!
Dieser Boom hat schon viele Chinesen aus den Zentralprovinzen auf das Dach der Welt gelockt, und sie alle nehmen der ansässigen tibetischen Bevölkerung Arbeitsplätze weg.
Im Lhasatal leben heute neben 35000 Tibetern bereits 300000 Chinesen! Durch diese Situation verarmen die Tibeter in ihrer Minderheit immer stärker, und in den Augen vieler westlicher Touristen werden die einst tief religiösen Tibeter rasch zu habgierigen Händlern und Bettlern.

Die Chinesen glaubten Anfang der achtziger Jahre, daß sie die Besucher in der 7 km von Lhasa entfernten Kaserne sicher unter Kontrolle hatten, denn sie wußten, daß die Höhe alle Neuankommenden in den ersten Tagen sehr ermüdet. So gab es am ersten Tag kein offizielles Besuchsprogramm, sondern strenge Ruhe. Grundsätzlich ist das auch richtig und ratsam. Aber Sherpa Tenzing war trotz seines Alters von etwa 65 Jahren – ganz genau wußte er es nicht – immer noch so gut in Form, daß er die 7 km mühelos in 50 Minuten zu Fuß laufen konnte, und ich hatte damals unmittelbar vor meiner Tibetreise den fast 6000 m hohen Kilimanjaro bestiegen. Deshalb gab es auch für mich keine Höhenprobleme. Wir liefen also gleich nach unserer Ankunft aus der

Tibeter lieben Schmuck, die Männer ebenso wie die Frauen. Türkise und Korallen werden gern für Ketten, Anhänger oder Broschen verwendet. Oft sind die Steine in Silber gefaßt – ganz selten in Gold, denn das gehört den Göttern. Auch silberne Amulettkästchen sind wiederum mit Türkisen geschmückt.

Am Gesicht erkennt man die Tibeterin, ebenso durch den Schmuck und den übergehängten Mantel. Bluse und Mütze kommen dagegen aus China. So vermischt sich alte tibetische Tradition langsam mit den Einflüssen der Besatzungsmacht.

Kaserne fort in die zu diesem Zeitpunkt auch für uns verbotene Stadt.

Den stolzen Potala sahen wir schon von der Kaserne aus. Dann aber folgten zunächst die unzähligen Wellblechdächer der chinesischen Besatzungsarchitektur. Wir gingen durch breite Straßen, mit streng beschnittenen Bäumen neu bepflanzt, an grauen Betonblocks, Supermärkten und einem Kino vorbei. Auf den breiten Bürgersteigen sahen wir chinesische Arbeiter in grauer Kleidung mit riesigen Mao-Abzeichen, die man in Peking längst nicht mehr trug. Da gab es kein Gruß, kein Lächeln. Auch Tibeter trugen die chinesische Kleidung. Wir erkannten sie an ihren dunklen und freundlichen Gesichtern. Aber sie waren hier im neuen Lhasa bereits in der Minderheit, obwohl die Stadt früher ihnen alleine gehörte. Auf den neugebauten Straßen waren unendlich viele Radfahrer unterwegs, ab und zu auch klapprige Lieferwagen und Funktionärslimousinen.

Ganz anders das Bild in der Altstadt um den heiligen Jokhang-Tempel herum. Hier waren die Häuser plötzlich bunt und phantasievoll. Kein Militär mehr, kaum noch die farblose Mao-Kleidung, sondern lachende, mit der Zunge schnalzende, fröhlich winkende Tibeter in unbeschreiblich bunter Kleidung: dunkle Wollumhänge, rote, grüne und gelbe Kopftücher, Türkis- und Korallenketten, Yakledermäntel, Brokat und leuchtendrote Schmuckschnüre im schwarzen Haar der Khampas. Alte Menschen in Lumpen hockten im Schatten, bettelten, kochten Tee oder beteten. Bettelmönche lasen laut aus alten Schriften, Gebetsmühlen rasselten überall in braunen Händen und Pilger umkreisten, lang auf dem Boden hingestreckt, Körperlänge für Körperlänge ihren Jokhang-Tempel.

Hier in der Altstadt wurde noch tibetisch gelebt: gehandelt, geräuchert, gebetet, gebettelt und gelacht. Hier war ein kleines Stück des alten Tibet erhalten geblieben. Aber wie lange noch? Bei meinem zweiten Besuch war bereits ein großer Teil der Altstadt eine einzige Großbaustelle. Ich konnte beobachten, daß auch dort eine neue Welt aus Beton am Entstehen war. Heute finden wir in der Altstadt von Lhasa Discos, Restaurants, neue Hotels und große, seelenlose Plätze aus Beton und Nichts. Der Barkhor, jener nach wie vor heilige Pilgerweg rund um den Jokhang existiert allerdings – Gott sei Dank – immer noch. Aber das Leben und Treiben ist bereits anders geworden, hat sich dem neuen Tibettourismus gewissermaßen angepaßt.

Nepalesen, seit einem Vierteljahrhundert mit dem Westtourismus sehr erfahren, und auch echte Khampas, in deren Gesichtern immer noch der Wille zum bewaffneten Widerstand leuchtet, behängen ihre hübschen Frauen und Töchter mit Ketten aus falschen Korallen und Türkisen, mit Amulettkästchen und billigen Gebetsmühlen aus Blech. Die echten tibetischen Kostbarkeiten liegen längst in den Nobelgeschäften in Kathmandu oder zieren die Wohnzimmer westlicher Sammler. Dennoch verkaufen die Mädchen im Barkhor gut, für harte Devisen wird alles als „alt" ausgegeben. Doch schon wenige Minuten nach dem Verkauf hängen sie sich Nachschub des „wertvollen und traditionsreichen Familienschmucks" um Hals, Schultern und Handgelenke. Das also ist aus Lhasa geworden!

Die besten und zuverlässigsten Informationen aus dem alten Lhasa haben wir von Peter Aufschnaiter und Heinrich Harrer, die einige Jahre in Lhasa lebten. Beide sprachen fließend tibetisch und arbeiteten auch für die tibetische Regierung. Aufschnaiter und Harrer waren hervorragende Beobachter und fleißige Tagebuchschreiber. Aus deren Berichte wissen wir, daß der Alltag in Lhasa trotz aller Rückständigkeit durchaus lebens- und liebenswert gewesen ist. Im öffentlichen Leben der Stadt Lhasa war es immer eine Ehre, Beamter zu sein. Die Gehälter waren indes nur bescheiden, weil die Regierung glaubte, ein Beamter habe genügend Ansehen und Einfluß, um nebenher lukrativen, privaten Geschäften nachzugehen.

Peter Aufschnaiter betont in seinen Aufzeichnungen die vielen großartigen und farbenprächtigen gesellschaftlichen Ereignisse, bei denen alle Menschen, nicht nur der Adel, prunkhafte und geschmackvolle Kleider trugen. Fast alle Kulis besaßen in Lhasa eine zweite Garnitur Kleidung für Festtage und besondere Anlässe aus handbearbeiteter Wolle und kostbar geschmückt.

Die Handwerker bezogen niedrige, aber feste Gehälter von der Regierung und konnten nebenbei auch für private Auftraggeber arbeiten, um sich zusätzliches Geld zu verdienen. In den Basaren sah man Händler aus Nepal, Mohammedaner aus Ladakh, Chinesen und Khampas, die zu sehr reichen Familien gehörten. Natürlich waren Löhne, Gehälter und Vermögen nicht mit westlichem Standard zu vergleichen, aber Aufschnaiter betont, daß es den Tibetern materiell sehr viel besser ging als den Menschen in den Nachbarländern China, Nepal und Indien. Besonders mittelalterlich war die Handhabung von Recht und Gesetz. Die Todesstrafe gab es offiziell nicht. Auf Diebstahl, Mord und Gewaltverbrechen stand Auspeitschen mit einer ganz unterschiedlichen Anzahl von Hieben. Aber auch solche drastischen Strafen verhinderten Diebstahl nicht. So berichtet Aufschnaiter von einem grandiosen Lichterfest zu Ehren Tsongkapas. Er stand an einem kalten Winterabend auf seiner Dachterrasse und sah überall auf Dächern und Mauern unzählige Butterlampen. So beleuchtet strahlten auch alle Klöster im Tal, nur Michung Ri blieb dunkel, da dort vor fünf Tagen Räuber den Nonnen alles Geld, Getreide und die Butterlampen gestohlen hatten.

Die Hauptsehenswürdigkeiten in Lhasa sind der Potala, der Jokhang-Tempel, der Sommerpalast sowie die nahen Klöster Sera und Drepung. Alle diese Bauten wurden bei den Aufständen in Lhasa (1959) und während der chinesischen Kulturrevolution (Mitte bis Ende der sechziger Jahre) mehr oder weniger stark beschädigt. Heute sind sie restauriert und zeigen dem Lhasabesucher wieder einen Teil des alten religiösen Glanzes.
Das wichtigste und heiligste Bauwerk in Lhasa und in ganz Tibet ist gleichzeitig – zumindest optisch gesehen – das unscheinbarste; der Jokhang-Tempel in der Altstadt. Er beherbergt den sogenannten Jobobuddha, eine etwa ein Meter hohe Figur aus Gold und mit unglaublich vielen und großen Türkisen und anderen walnußgroßen Edelsteinen geschmückt. Der Jobobuddha ist ein Hochzeitsgeschenk der chinesischen Prinzessin Wengcheng an ihren Mann, den ersten tibetischen König Songtsen Gampo.
Der König ließ einen Tempel um den Buddha bauen, den Jokhang in der Altstadt von Lhasa. Damit gehört der Tempel zu den ältesten kirchlichen Bauten Tibets. Das dreistöckige Gebäude hat ein mit Bronze überzogenes Dach, von dem man den schönsten Ausblick auf Lhasa und den Potala genießt. Von hier aus ging der Buddhismus hinaus in das weite Land. Schon immer kamen Pilger aus ganz Tibet und von viel weiter her, um den Jobo zu sehen, um ihn anzubeten und zu verehren. Eindrucksvoll ist schon der Vorplatz des Jokhang, auf dem sich täglich Pilger stundenlang niederwerfen, um dem goldenen Buddha zu huldigen. Möchte man den Jobo sehen, dann muß man sich in die lange Schlange von Pilgern einreihen und geduldig warten, denn der Raum ist klein, eng und dunkel. Die Zeit vergeht sehr schnell, denn mitten unter den Gläubigen erfährt man viel vom Leben in Tibet. Da stehen sie, aus allen Himmelsrichtungen, manche sind monatelang unterwegs gewesen, in ärmlicher Pilgertracht, in Lumpen und ebenso in Festtagsgewändern, murmeln Gebete, drehen ihre Mühlen mit den heiligen Pergamentrollen und die rosenkranzähnlichen Gebetsketten laufen Perle für Perle durch die fast immer gefalteten Hände. Im Jokhang riecht es nach abgebrannten Weihrauchstäbchen und nach brennenden und rußenden ranzigen Butterlampen, nach Schweiß, Staub und brennendem Fett. Nie sah ich eine so glückliche, ehrfurchtsvolle und geduldige große Pilgerschar wie an diesem heiligsten Ort Lhasas. Erreichen die Pilger endlich den strahlend schönen Jobobuddha, dann wagen sie kaum zu atmen, kaum hinzuschauen; sie werfen sich nieder und beten, pressen ihre Stirn auf die Steinstufen und blicken fast ängstlich auf den Boden – und in ihren Augen erkenne ich ein unvergleichliches Leuchten, eine tiefe Glückseligkeit. Der goldene Buddha selbst ist fast unerreichbar, vor ihm stehen ganze Barrieren von Butterlampen, hängen weiße Glücksschleifen. In den Schrein mit dem Jobo führt nur eine schmale Öffnung und neben ihr wacht ein Mönch, damit die Pilger die eine Minute der Andacht nicht überschreiten. Andere Pilger drängen nach, tausend und mehr an jedem Tag!

Das imposanteste Bauwerk von Lhasa – und eines der großartigsten unserer Welt – ist zweifelsohne der alles in Lhasa überragende Potala mit seinen gol-

Die Brust des Jobobuddha im Jokhang-Tempel. Unter großen Schwierigkeiten ist es mir gelungen, so dicht an das größte Heiligtum von Tibet heranzugelangen, daß ich – vermutlich als Erster überhaupt – den grandiosen typisch tibetischen Schmuck im Detail fotografieren konnte. Gold, Türkise und Korallen dominieren auch hier in dieser unvorstellbaren Anhäufung von funkelnden Edelsteinen. Viele hundert Pilger haben lange geduldig gewartet, bis ich meine fotografische Arbeit beendet hatte. Heute ist dieses Foto in Tibet fast ebenso begehrt wie eine Aufnahme vom Dalai Lama.

Der bronzevergoldete Jobobuddha, den Weng Cheng als erste Buddhafigur zu ihrer Hochzeit nach Lhasa gebracht haben soll, ist die heiligste Figur in ganz Tibet. Die lebensgroße Statue ist mit riesigen Edelsteinen geschmückt, die herrliche türkisbesetzte Krone soll ein Geschenk des Reformators Tsongkapa sein.

denen Dächern, dem rostroten Wohn- und Regierungstrakt der Dalai Lamas, dem weißleuchtenden Rumpf und den angeblich 1000 Räumen, Hallen und Tempeln und den breiten im Zickzack hinaufführenden Treppen und Auffahrten.
Ein Weltwunder aus Holz, Erde und Stein, ohne einen einzigen Nagel zusammengehalten wie alle großen Sakralbauten im Himalaya.
König Songsten Gampo kam in der Mitte des 7. Jahrhunderts in die große Ebene von Rasa (Ziegenland). Auf einer über hundert Meter hohen Felsnase begann er einen Palast zu Ehren der Götter und zu Ehren seiner beiden Frauen zu bauen. Das Tal wurde umgetauft in Lhasa (Land Gottes). Es wird weiter berichtet, daß der Palast schließlich neun Stockwerke hoch war und 900 Zimmer hatte. Hundert Jahre später aber zerfiel das Bauwerk in Schutt und Asche, und erst der 5. Dalai Lama, Nawang Lobsang, begann im Jahre 1642 mit dem Bau des heutigen Potala, der dann im Laufe der nachfolgenden Jahrhunderte und Generationen größer und größer wurde.
Der Potala hoch oben auf dem Berg scheint tatsächlich zwischen Himmel und Erde zu schweben, Bindeglied zu sein. Lange bevor der Wanderer Lhasa sieht, erkennt er schon den Potala! Kaum ein Platz in Lhasa, von dem aus man den Potala nicht sehen könnte.
Der Potala ist der Winterpalast des Dalai Lama, gewissermaßen der Vatikan des Lamaismus. Der Besuch dieses Riesenbauwerkes ist wie der Besuch einer anderen Welt, der Welt des Lamaismus oder des tibetischen Buddhismus mit der Fülle überdimensionaler Bronzen und Goldstatuen aus der gesamten tibetischen Götterwelt. Dazu kommen Unmengen eindrucksvoller und wunderschöner Thangkas und in der Bibliothek unzählige Wände voll mit in farbige Seide eingeschlagenen Büchern. Und dann die Grabkammern mit den sterblichen Überresten der Gottkönige! Alleine für den Stupa des 5. Dalai Lama wurden fast 4 Tonnen Gold(!) und Unmengen von Edelsteinen in der Grabespyramide verbaut!
Damals, als der 5. Dalai Lama (1617–1682) sich daran machte, den Potala zu einem einzigartigen repräsentativen Festungswerk und zum Symbol des Lamaismus auszubauen, lebten hier 10 000 Mönche. Dazu kamen noch viele Leibeigene mit ihren Familien und Kindern, die dem Potala alles das lieferten, was zur Lebenshaltung notwendig war.
Heute sind die knapp 100 Mönche Staatsbeamte, Museumswärter. Leider kommt der heutige Besucher im Potala kaum zum Schauen und Staunen und schon gar nicht zum Meditieren.

Norbulingka (Juwelen-Park), so heißt der Sommerpalast, ist einer der lieblichsten Plätze im Lhasatal, eine Oase mit gepflegten Rasenflächen, bunten Blumenrabatten und einem Verspieltheit ausstrahlenden Rokokopalast.
In den Gemächern des Dalai Lama läßt man uns nicht fotografieren. Eine Begründung geben die Chinesen nicht, aber die Wächter, ebenfalls „befreite" Staatsmönche, kennen Tenzing Norgay, und Tenzing spricht und versteht ihre Sprache. Ähnlich wie im Potala warten wir, bis alle Funktionäre außer Sicht sind. Ein Mönch steht für ein Dalai-Lama-Foto gerne Schmiere, ein anderer entfernt für mich und meine Kamera die Absperrkordeln. Ich kann bei soviel freundlicher Bewachung sogar in aller Ruhe mein Stativ aufbauen und die herrlichsten Thangkas und andere Details aufnehmen.

Dann sind da noch die beiden großen Klöster Drepung und Sera, beide liegen außerhalb von Lhasa. Drepung war einmal mit über 10 000 Mönchen das größte Kloster der Welt. Heute sind etwa 200 Mönche dort – und auch wieder Pilger.
Riesige Hallen, kostbare Thangkas, goldene Buddhas, Räucherwerk und Butterlampen – und die alten Pilgerpfade, die ich ganz besonders liebe. Den schönsten fand ich eine Tagesreise von Lhasa entfernt in Schigatse um das großartig erhaltene Kloster Tashi Lhunpo herum.
Aber auch hier in Drepung und Sera gibt es Pilgerpfade, die besonders am Abend stark besucht werden. Die tibetische Götterwelt ist hausgroß und farbenfroh in die Felsen gemalt. Manimauern und Gebetsfahnen – und dazwischen alte wie junge Pilger mit ihren in der Sonne glänzenden Gebetsmühlen aus Messing und Silber. Sie werfen Mehl vor dem rotglühenden Sonnenball ihren Göttern entgegen, um ihnen und sich selber Glück zu wünschen. Sie beugen sich im Gebet vor den gemalten Göttern,

Chinesische Touristen besuchen den Norbulingka (Juwelenpalast), den Sommerpalast der Dalai Lamas. Im Palast befinden sich verschiedene Repräsentationsräume mit Wandmalereien aus der tibetischen Geschichte und aus dem Leben Buddhas. Als die Chinesen 1959 den Norbulingka beschossen, begann der Dalai Lama von hier aus seine legendäre Flucht in das indische Exil.

Thangkas sind tibetische Rollenbilder, die in Klöstern und in Meditationsräumen aufgehängt werden. In diesem Fall handelt es sich um eine besonders große Thangka in einem Audienzraum des Norbulingka. Hier meditiert der tibetische Reformator Tsongkapa zusammen mit vielen Meistern, durch die die buddhistische Lehre zu ihm gekommen ist. Im unteren Teil sehen wir eine Darstellung der tausendfachen Buddhas.

Das Sich-Niederwerfen, die Prostration, gehört in Tibet zu demutsvollen religiösen Handlungen. Die Bilder zeigen tibetische Frauen im Jokhang vor dem Jobobuddha. Die rosenkranzartige Kette wird in Tibet „Tengwa" genannt. Jede Perle bedeutet ein Gebet, eine Bitte um Vergebung und eine Bitte um Erleuchtung.

Die Tibeter malen sich gerne ihre Götterwelt riesengroß in die Felsen. Hier sind es Bilder vom Pilgerpfad um das Kloster Drepung, nur wenige Kilometer von Lhasa entfernt. Links oben erkennen wir Tsongkapa und rechts daneben den Vogel Garuda. Meine Frau Renate dient als Größenvergleich.

Das Kloster Ganden, in dem einmal mehr als 4000 Mönche lebten, wurde während der Kulturrevolution in ein trostloses Trümmerfeld verwandelt. Tsongkapa hat Ganden im Jahre 1409 gegründet. Heute wird Ganden durch freiwillige Helfer wieder aufgebaut. Als ich dieses Bild in einem Diavortrag in Dharamsala zeigte, weinten viele Tibeter. So total hatten sie sich die Zerstörung ihrer Heiligtümer nicht vorgestellt.

vor heiligen Steinen und bunten Wimpeln. Altes Tibet, hier finde ich es noch.

Diese wenigen Klöster und Sakralbauten stehen in Lhasa eng beieinander – aber sie stehen für die fast 4000 religiösen Bauten in Tibet, die zu 99 Prozent von den Roten Garden vor und während der Kulturrevolution zerstört wurden. Das ist so, als wenn es in Deutschland noch einen Kölner Dom und ein halbes Ulmer Münster gäbe und sonst kein Kloster, keine Kirche, keine Kapelle und kein Gemeindehaus mehr! Die Klöster Drepung und Sera werden den Fremden gerne gezeigt, aber fragt der Reisende nach Ganden, 40 km von Lhasa entfernt, dann hört er, daß die Straße unbefahrbar oder gar blockiert sei.

Der große tibetische Reformator Tsongkapa hat im 15. Jahrhundert das einmal auf das Land zukommende Unheil bereits geahnt, und deshalb suchte er für Ganden, die Freud-Erfüllte, einen ganz besonderen Platz, den entlegensten überhaupt. Ganden sollte für alle Ungläubigen unauffindbar sein. Vom Tal mit seiner Durchgangsstraße war von der gewaltigen Stadt nichts zu sehen, nichts zu ahnen. Nur Eingeweihte wußten von dem Geheimnis, kannten den steilen und verschwiegenen Weg in die Berge. Ganden beherbergte einmal 4000 Mönche, aber wenn die Pilger aus dem ganzen Land kamen, lebten dort über 12 000 Menschen. Mönche und Handwerker haben Ganden in 500 Jahren aufgebaut. In knapp 6 Monaten haben die Chinesen diese Klosterstadt total zerstört mit Spitzhacken, Maschinengewehren, Brechstangen und mit Dynamit. Sie haben gläubige Tibeter selbst mit entsicherten Gewehren zu dieser Untat gezwungen, als sie drohend riefen und befahlen: „Zerschlagt das Alte – baut das Neue! Die Partei duldet keine anderen Götter neben dem großen Vorsitzenden Mao Tsetung!"

1981 hat man Ganden noch ganz verleugnet. Auf meine Frage antwortete damals der chinesische Führer: „Ganden, das gibt es nicht, Sie müssen sich verhört haben!"

Bei den Vorbereitungen meiner zweiten Reise habe ich in Peking auf einem Besuch Gandens bestanden. Peking ist weit, und die Funktionäre dort wissen vermutlich mit diesem Namen nur wenig anzufangen. Deshalb sagten sie zu, und ich ließ mir das schriftlich als Telexkopie mit auf den Weg geben. Also starteten wir zum Kloster Ganden, das östlich von Lhasa in den Bergen versteckt liegt, allerdings mit einstündiger Verspätung.

Unser Busfahrer war nie vorher in Ganden gewesen und mußte sich lange und mühsam durchfragen, bis er endlich die schmale, von Chinesen gebaute Straße fand. Kein Hinweisschild, nichts. Der Weg führt im Zickzack bis auf fast 5000 m Höhe. Von einer Stadt ist nichts zu sehen, von Ruinen auch nicht. Noch 100 Meter, dann wieder eine Spitzkehre und noch einmal 100 Höhenmeter. Endlich die Paßhöhe – vor uns liegt Ganden. Doch das Kloster existiert nicht mehr, vor uns liegt ein Ruinenfeld: weiß, rostigbraun und völlig still! Wut packt uns alle. Wut packt hier jeden Besucher.

Meine Bilder von Ganden habe ich später in einem Diavortrag in den Straßen von Dharamsala vielen hundert Exiltibetern gezeigt. Sie standen bei diesen Bildern weinend auf, konnten es nicht ertragen, ihr heiliges Ganden so wiederzusehen.

Ganz ähnlich empfinden wir bei unserer Ankunft auf dem Paß. Wir starren stumm und erschüttert auf Schutt, Mauerreste, Staub – und dann erklingt plötzlich Hämmern aus der Stadt und wenig später sogar ein Tempelgong. Kein Kloster in Tibet wurde von den Roten Garden so brutal verwüstet wie Ganden. Aber selbst in seinen Ruinen wirkt es noch imposant und fast stolz. Jetzt erhebt es sich langsam wieder aus dem Schutt. Drei Haupthallen sind schon wieder aufgebaut und über 300 Mönche arbeiten als Maurer, Zimmerleute und Maler an Gandens Wiederherstellung. Die Klöster in Lhasa wurden zu Museen umfunktioniert, hier in Ganden aber entsteht wieder ein buddhistisches Gotteshaus. Lachend sagten mir die Mönche: „Komm in fünf Jahren zurück, dann wird Ganden wieder da sein. Die Götter werden siegen!" Das war in den ersten Septembertagen 1984.

Werden sie das wirklich? – Unmittelbar nach meiner Rückkehr aus Tibet las ich in der Zeitschrift JUNGES TIBET: „Tsering Drakpa und Yamphel Gyawo waren bei den Renovierungsarbeiten am Ganden-Kloster beteiligt. Ihre Namen sind auf der Liste von 32 Tibetern, die am 13. September verhaftet worden sind."

Tibet wird ein Staat

„Ein Tibeter läßt sich weder durch Einschüchterung noch durch Terror beugen, und der Angriff auf unsere Religion, unseren kostbarsten Besitz, war eine Politik des Wahnsinns."
Der 14. Dalai Lama

Ein Land Tibet hat es vor dem 7. Jahrhundert schon schemenhaft gegeben. Auf den kalten und kahlen Hochebenen lebten einzelne Stämme mit ihren Herden und kleinem Landbesitz, die sich gegenseitig bekämpften und bekriegten. Es gab wohl Stammesführer, sogar Herrscher waren schon vereinzelt dagewesen, aber es gab noch keine tibetische Ordnung, keine Gesetze, keine Städte und auch keine fest umrissenen Grenzen.

Um 600 vereinigte der Fürst Namri Songtsen Nomadenstämme aus unterschiedlichen Gebieten Zentraltibets unter seiner Herrschaft. Songtsen Gampo (569–649) dehnte das Reich nach Westen aus, indem es ihm gelang, andere Stämme zu besiegen, zu unterwerfen und auch freiwillig an sich zu binden. Im Alter von 25 Jahren war er der erste anerkannte Herrscher und König eines neuen vereinigten Tibet. In seiner jugendlichen Stärke überschritt Songtsen Gampo die eigenen tibetischen Grenzen nach China, in die Mongolei, nach Nepal, Indien und sogar nach Burma hinein. Er zwang nach seinen glanzvollen Siegen sogar den chinesischen Kaiser Tai Tsung, ihm einen jährlichen Tribut von 50000 Rollen Seide zu liefern. Songtsen Gampo erkannte, daß Familienbeziehungen sicherer und preiswerter sind als kostspielige Armeen an den Grenzen. So heiratete er die chinesische Prinzessin Wengcheng und die nepalische Prinzessin Brikuti. Bis zu diesem Zeitpunkt hatte es in Tibet keine Religion, sondern nur einen vielfältigen Geisterglauben gegeben; da waren Erd-, Luft-, Feuer- und Wassergeister, gute und böse, die verehrt oder gefürchtet wurden. Das war der Bönglaube, der seit dem Jahre 1000 vor Christus in jener Gegend existierte.

Die beiden jungen Königinnen brachten jetzt ihre Religion, den Buddhismus, nach Tibet. Im Reich Songtsen Gampos begann ein goldenes Zeitalter; aus China folgten Handwerker und Künstler, Schreiner, Steinmetze, Weber und Töpfer der Königin nach Lhasa. Und aus Nepal und Indien kamen Gelehrte und Lehrer, die das tibetische Alphabet entwarfen. Dieses Alphabet basiert auf dem indischen Sanskrit, und bald schon konnten die heiligen indischen Schriften übersetzt und den Kriegern und Nomaden in Tibet gelehrt werden. Die großen und noch heute berühmten Klöster wurden überall im Land gegründet.

Unter König Trisongdetsen (755–792) verweigerten die Chinesen erstmals die Tributzahlungen, aber sofort ritten tibetische Soldaten über die Feindesgrenze und eroberten weitere Teile des Kaiserreiches. Bald darauf wurde ein erster Grenzvertrag zwischen China und Tibet unterzeichnet. Aber nicht auf Papier. Seine Einzelheiten wurden in drei Steinsäulen in chinesischer und tibetischer Schrift eingemeißelt. Eine Säule wurde nach Lhasa geschickt (die Chinesen haben sie inzwischen vernichtet), eine in die chinesische Provinz Schensi und eine dritte blieb in Chorten Karpo selbst.

Nicht alle Könige waren so stark wie Songtsen Gampo und seine beiden Nachfolger. Bald schon wurde die Königsmacht schwächer und schwächer, der Einfluß der Klöster aber wuchs. Die Mönche begannen sich mehr um irdische als um geistliche Dinge zu kümmern. Fast jedes Kloster schuf sich eine Privatarmee. 200 Jahre nach Songtsen Gampo regierte Langdarma (836–842) als letzter tibetischer König. Er versuchte noch einmal, die Macht der Klöster zu brechen, indem er die Buddhisten des Landes grausam verfolgte, rieb dabei aber seine Armee völlig auf. Schließlich holte ein Mönch die Macht endgültig von den Königen zu den Klöstern zurück. Des Königs Leidenschaft brachte ihm seinen Tod. Ein verkleideter Mönch drang anläßlich eines Festes in der Hauptstadt in den Königshof und ermordete Langdarma. Nach der Legende trug der Mönch einen schwarzen Hut und ritt ein weißes, durch Ruß geschwärztes Pferd. Bis in unsere Zeit gab es in tibetischen Klöstern am Neujahrstag den „Tanz des schwarzen Hutes", ein Gedenken an jenen Mönch, der die Macht endgültig von den Königen zu den Klöstern geholt hatte.

Längst in viele Sekten und Gruppierungen zerfallen, verlor der Buddhismus im neunten Jahrhundert an Einfluß. Seine eigentliche Lehre ging unter in Geisterbeschwörung und Oberflächlichkeit. Bis Tsongkapa, ein gestrenger Reformator, erschien.

Tsongkapa (1357–1419) von der Gelugpa-Sekte (den Gelbmützen) predigte erneut allen Mönchen eine strenge und tugendhafte Lebensform nach den Weisungen Buddhas. Er war es auch, der die Freundschaft der mongolischen und chinesischen Kaiser suchte. Die Macht der Gelbmützen wuchs, und die konservativen Rotmützen (Sakya-Sekte) wurden in Tibets südliche Randgebiete gedrängt (Bhutan, Sikkim, Nepal, Ladakh). Tsongkapa wird bis heute fast immer mit zwei Schülern dargestellt (auf Thangkas ebenso wie auf Wandbildern oder in Bronzen). Einer dieser Schüler war Gendün Drub (1391–1475), der dann später vom tibetfreundlichen mongolischen Khan posthum den Titel „Dalai" verliehen bekam, d.h. übersetzt etwa „Ozean der Weisheit" und meint, daß das Wissen und die Weisheit eines Dalai Lamas so groß sind wie ein Ozean.

Zwischen Tibet und der Mongolei entwickelte sich im 16. und 17. Jahrhundert eine eigenartige Wechselbeziehung, die durch verwandtschaftliche Bindungen noch vertieft wurde. Die Tibeter übernahmen in der Mongolei die Rolle geistlicher Lehrer und die Mongolen schickten Truppen nach Tibet, wenn es galt, herrschsüchtige Fürsten und Häuptlinge in die Schranken zu weisen und die Macht der Klöster auszubauen.

So war es auch der mongolische König Guschri Khan (1584–1656), der den Gelbmützen half und dem 5. Dalai Lama Ngawang Lobsang Gyatso 1642 alle weltliche und geistliche Macht in Tibet übertrug. Damit wurde die von Tsongkapa reformierte Gelugpa-Tradition erstmals zur Staatsreligion Tibets. Das ist bis zum Einmarsch der chinesischen „Befreiungsarmee" im Jahre 1951 auch so geblieben.

Er, der „Große Fünfte", erklärte Lhasa 1642 zur Hauptstadt von Tibet, führte viele Reformen ein und vereinte damit immer fester die religiöse und politische Macht in der Person des Dalai Lama.

Der „Große Fünfte" war es auch, der die Institution des Pantschen Lama einführte. Damit wollte er zunächst seinen eigenen Lehrer ehren und so entschied der Dalai Lama, daß sein Lehrer eine Inkarnation des Schutzgottes Opani sei. Die Dalai Lamas halten sich selbst für Inkarnationen des Schutzgottes Tschenresi.

Das politische Verhältnis zwischen Pantschen Lama und Dalai Lama erscheint bis heute verwirrend und unklar. Tatsächlich hat aber der Pantschen Lama immer einen größeren Einfluß in den nördlichen Grenzgebieten ausgeübt, der Dalai Lama dagegen wurde in Zentraltibet und den an Indien grenzenden Gebieten im Süden als alleiniger Gottkönig anerkannt. Nach dem Tode eines Dalai Lama gilt der Pantschen Lama als sein geistlicher Stellvertreter. Die weltlichen Angelegenheiten werden dem Regenten angetragen, der nach dem Tode eines Dalai Lama für die Übergangszeit ernannt wird.

Auf einen starken Mann folgt oft ein Schwächling. So war das auch in Tibet. Der 6. Dalai Lama liebte Alkohol und Erotik. Tibet wurde dadurch erneut geschwächt. Bürgerkriege, Mongoleneinfälle und Belagerungen durch die Chinesen zwangen das kleine Bergvolk in die Knie. Dieser Zustand hielt an bis zu Beginn des 20. Jahrhunderts. 1904 knüpfte die tibetische Regierung Beziehungen zu Rußland. Das schreckte England, die Herrschaftsmacht über Indien, so auf, daß die Younghusband-Expedition nach Tibet entsandt wurde. Der offizielle Auftrag an Sir Francis Younghusband lautete zwar, Tibet für England zu öffnen, um Handel zu treiben. Vermutlich war das eigentliche Kernmotiv aber, das russische Vordringen in Tibet zu stoppen und die drohenden Beziehungen im Keim zu ersticken.

Zu dieser Zeit gab es wieder eine starke Persönlichkeit als Dalai Lama. Tubten Gyatso (1876–1933), der 13. Dalai Lama, proklamierte ein Jahr nach dem Sturz der Mandschu-Dynastie im Jahre 1911 – also 1912 – die totale Unabhängigkeit Tibets. Bis 1950 gab es dann auch keinen fremden Einfluß mehr. Tibet bekam unter dem 13. Dalai Lama eine eigene Nationalflagge, eine Armee, ein Post- und Telegrafensystem (mit britischer Unterstützung) sowie eigene Banknoten.

Der 13. Dalai Lama hatte als erster tibetischer Staatsmann erkannt, daß die völlige Isolierung seines Landes Stillstand bedeuten würde. Er öffnete Tibet begrenzt und verhalf seinem Land zu ersten internationalen Beziehungen. Er schickte tibetische Studenten zum Studium ins Ausland und führte, wie oben schon erwähnt, Post- und Telegrafendienste ein. Kurz vor seinem Tode am 17. Dezember 1933 ahnte er bereits die chinesische Gefahr. Er forderte sein Volk auf, vorbeugende Maßnahmen zu treffen. Diese Maßnahmen waren vor allem Gebete für Frieden und Unabhängigkeit.
Zwanzig Jahre nach seinem Tod folgte die tibetische Tragödie!

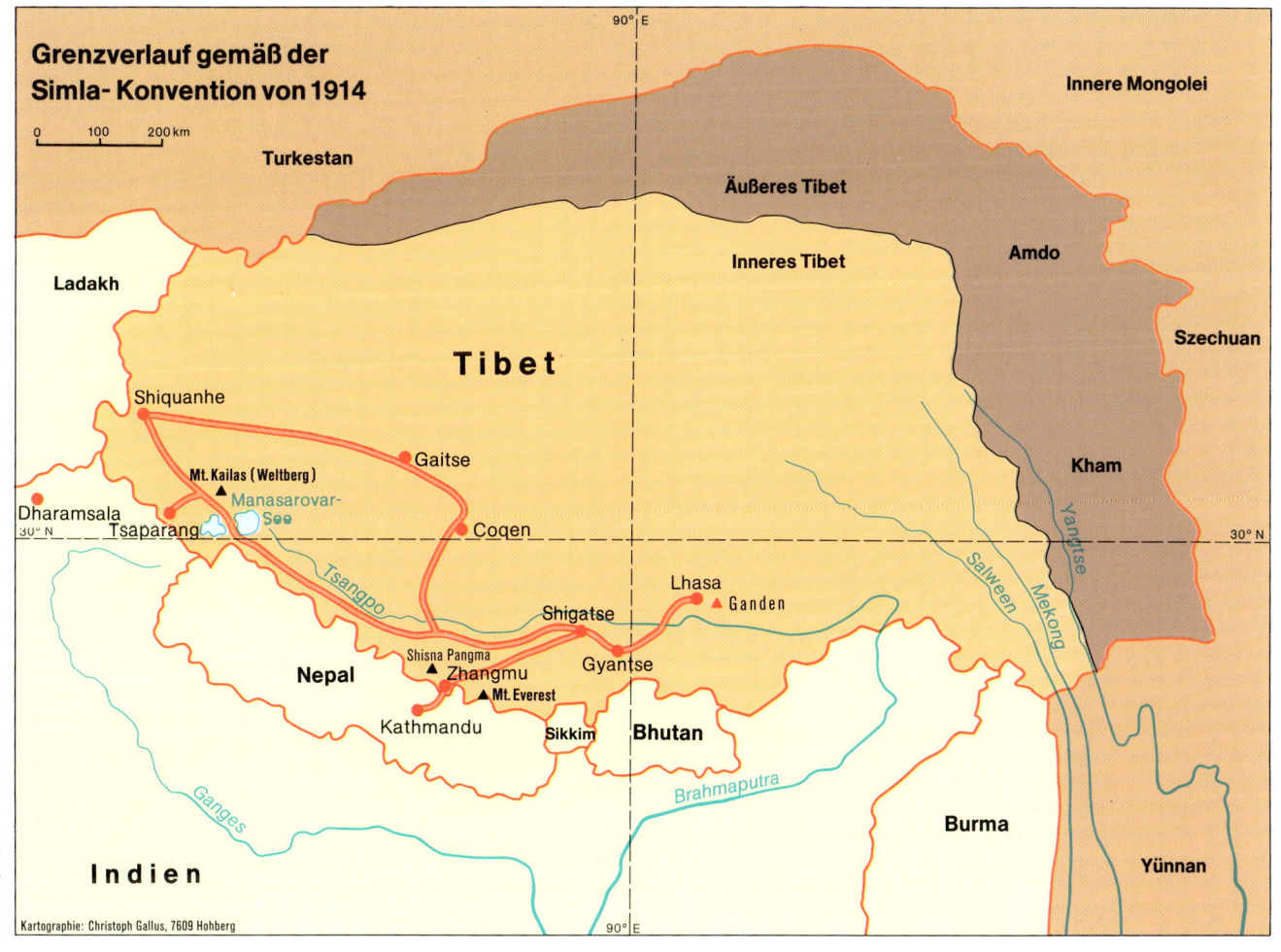

Grenzverlauf gemäß der Simla-Konvention von 1914

1914 einigten sich Großbritannien, China und Tibet in Simla formal auf neue Grenzen und ein „inneres" und ein „äußeres" Tibet unter abgestufter chinesischer Souveränität.

Der Dalai Lama wird gefunden

„Der menschliche Leib wird dahingehen, so gewiß wie diese blinden Nebel, die an den dunklen Bergspitzen dort oben hängen; aber sein eigenes Selbst wird unversehrt bleiben, denn es ist göttlich."
Paul Brunton

Der Buddhismus folgt in grundsätzlichen Zügen dem Hinduglauben, dem Glauben an die Wiedergeburt des Menschen. Die Seele beschreibt dabei einen ständigen Kreislauf durch Geburt, Tod und Wiedergeburt. Nun ist die Zeit zwischen Geburt und Tod aber durchaus nicht immer nur reine Freude, da sind vielmehr – speziell in Asien – Hunger, Krankheit, Not, Kälte, Dürre, Unwetter, Krieg und vieles mehr. Deshalb sehnt sich der gläubige Hindu und Buddhist danach, der irdischen Gebundenheit zu entkommen. Er strebt gewöhnlich nach Frieden, Ruhe und letzter Glückseligkeit. Diese Glückseligkeit bieten Hinduismus und Buddhismus an. Im Nirwana.

Und schließlich übernimmt der Buddhismus vom Hinduismus auch die Lehre, daß der wahre Weg zu Glück und Weisheit darin liegt, die Gier nach materiellem Glanz und die Lust an Erotik zu unterdrücken. Gier oder Habgier sind im Glauben der Buddhisten die größten Vergehen. Habgier verführt den Menschen zum Diebstahl, Krieg, Mord und die Folgen sind dann Hunger, Not und Elend.

Nur im Nirwana gibt es keine Gier und deshalb wahren Frieden und Glück. Tugendhafter Lebenswandel wird in einem nächsten Leben belohnt, der gute Mensch rückt eine Stufe höher in der buddhistischen Himmelsleiter.

Lasterhaftes Leben führt dagegen zur Vergeltung, bei der Wiedergeburt erfolgt dann gewissermaßen eine Zurückstufung.

Gautama Buddha wurde 563 vor Christus im südlichen Nepal geboren. Bis zu seinem 29. Lebensjahr, so berichtet die Geschichte, führte er ein sehr prunkvolles Leben im Palast seiner Eltern zusammen mit einer schönen Frau. Dann verließ er mehr zufällig als gewollt den königlichen Palast für nur einen Tag und sah unmittelbar hintereinander einen Kranken, einen geistig Verwirrten und eine Leiche. Das also war die Wirklichkeit außerhalb der Palastmauern!

Gautama Buddha erschrak zutiefst – und handelte. Er sagt seinem Reichtum und seinem Lebenswandel in Luxus lebewohl und zog sechs Jahre lang mit kahlgeschorenem Haupt, in ein schlichtes safrangelbes Gewand gekleidet, als Bettler durch das Land, um das Elend der Welt zu erkennen und um nach einer hilfreichen Lösung zu suchen.

Diese Jahre brachten ihm noch keine Erkenntnis, deshalb setzte er sich zur Meditation unter den heiligen Bodhi-Baum und verweilte dort 49 Tage lang. Am letzten Tag dieser langen Meditation fand er endlich, was er suchte; die Erleuchtung. Er begann zu predigen; seinen Glauben von den Vier Wahrheiten und dem Edlen Achtgliedrigen Pfad. Buddha predigte 45 Jahre lang.

Seine Vier Edlen Wahrheiten sind:
1. Leiden ist überall.
2. Leiden werden durch Begierden verursacht.
3. Leiden kann durch Ausrottung von Begierden beendet werden.
4. Begierde kann nur ausgerottet werden, wenn man den Achtgliedrigen Pfad konsequent verfolgt:

1. Rechtes Erkennen und Glauben.
2. Rechter Entschluß.
3. Rechtes Wort.
4. Rechte Führung.
5. Rechtes Leben.
6. Rechtes Streben.
7. Rechtes Denken.
8. Rechtes Sich Versenken.

Für Buddhisten sind die Ziffern 3 und 4 besonders wichtig. Aus ihnen entwickelten sich die bekannten Fünf Vorschriften für den Buddhismus:
1. Nicht töten.
2. Nicht stehlen.
3. Nicht unkeusch leben.
4. Nicht lügen.
5. Nicht berauschende Stoffe zu sich nehmen.

Diese buddhistische Grundlehre wurde in Tibet mit dem alten Bön-Glauben und damit mit vielen Göttern und Dämonen zum Lamaismus, dem tibetischen Buddhismus, vermischt.

Religion und Gebete sind in Tibet überall: In den Klöstern haben tausende von Mönchen tage- und nächtelang nur gebetet. Laien murmeln die Worte „Om mani padme hum" („Oh, Du Juwel im Lotus" – womit Gautama Buddha gemeint ist) täglich hunderte von Malen. Diese Worte werden auch auf Reispapier gedruckt, flattern von den Steinhaufen aller Himalyapässe, von unzähligen Fahnenmasten, drehen sich pausenlos in großen und kleinen Gebetsmühlen der Schreine und Tempel und in den Händen der Tibeter. Jedes Gebet, jede religiöse Handlung ist ein Verdienst, das die Wartezeit auf das Nirwana abkürzen soll.

Mönche, die auf der höchsten Stufe unmittelbar vor dem Nirwana standen und dann doch freiwillig verzichteten – zu Gunsten der Unwissenden, die den rechten Pfad noch nicht beschritten, gelten als „lebende Buddhas". Sie predigen, um den Mitmenschen zu helfen. Der bedeutendste Buddha ist für die Tibeter und für Millionen gläubige Buddhisten in allen Erdteilen, auch in Deutschland, der Dalai Lama. Stirbt der Leib eines lebenden Buddha, dann geht seine Seele in ein Kind ein. Der Buddha wird neu geboren.

Wir wir bereits erfahren haben, starb der 13. Dalai Lama im Dezember 1933. Auch wenn der Leser – und ebenso der Autor – diesem Glauben an die Wiedergeburt nicht folgen kann oder möchte und den Dalai Lama nicht für einen lebenden Gott hält, so ist trotzdem das Leben dieses 14. Dalai Lama mit seiner Weisheit, politischem Vorausblick, Toleranz und Güte ungeheuer beeindruckend, auch im Hinblick auf seine Ausbildung und Erziehung. Hier haben Tibets Weise aus einem einfachen Bauernjungen einen wahrhaft großen und bedeutenden Staatsmann und Religionsführer geformt!

Der 13. Dalai Lama war tot. Sein irdischer Leib wurde nach tibetischer Sitte mit Salz und Yakbutter einbalsamiert, seine Gesichtszüge in Blattgold festgehalten. 49 Tage saß die Mumie aufrecht in einem Thron des kleinen Audienzsaales im Norbulingka-Palast, 49 Tage hatte auch Buddha unter dem Bodhi-Baum gesessen. Aber hatte man den toten Körper nicht mit dem Gesicht nach Süden hingesetzt? Eines Tages entdeckte der Regent, der sofort nach dem Tod eines Dalai Lama von der Nationalversammlung ernannt wird und die Regierungsverantwortung bis zur Inthronisierung der neuen Dalai-Lama-Inkarnation trägt, daß das Antlitz der Mumie nach Osten gerichtet war. Außerdem hatte man im Nordosten von Lhasa seltsame Wolkenbildungen gesehen. Das alles wies die Richtung. 1935 pilgerte der Regent an den heiligen See Lhamoi Latso, etwa 90 Meilen südöstlich von Lhasa. Dort verbrachte er viele Tage betend und in Meditation. Dann erschien dem Regenten eine Vision auf der spiegelnden Wasseroberfläche: Da war das Bild eines Klosters mit grünen und goldenen Dächern und ein Haus mit türkisfarbenen Ziegeln. Jetzt wurden Suchexpeditionen in alle Teile Tibets ausgesandt, um nach dem Haus mit den Türkisziegeln zu suchen. Weit im Nordosten kam ein Suchtrupp zum Kloster Kumbum, es hatte grüne und goldene Dächer. Und im nahen Dorf Taktser fanden sie ein Haus mit türkisfarbenen Ziegeln. Hier wohnte ein Junge, knapp 2 Jahre alt.

Zwei Männer mit einem Diener besuchten das fremde Haus. Der Diener hatte ärmliche Kleidung und war in Wirklichkeit doch der Anführer; Lama Kewtsang Rinpoche aus dem Kloster Sera. Er erhielt Unterkunft in den Räumen des Gesindes. Hier im Gesindehaus traf das Kind mit dem Fremden zusammen und rief sofort „Lama, Lama", obwohl der Lama als ärmlicher Diener verkleidet war. Das Kind blieb bei seinem „Lama" und kletterte auf den Schoß des Besuchers. Der Junge entdeckte auch sofort den Rosenkranz am Hals des Gastes, es war der Rosenkranz des 13. Dalai Lama, und bettelte darum. Der Lama versprach dem Kind den Rosenkranz, wenn es erraten könnte, wer er sei. Prompt antwortete das Kind: „Sera – Aga". Das heißt im Dialekt jener Provinz „Lama von Sera".

Der hohe Lama von Sera beobachtete das Kind genau und scharf. Niemand im Dorf Taktser wußte von der Mission des Fremden. Erst als die gesamte Suchkommission Wochen später erneut in

Taktser eintraf, ahnten die Eltern des Jungen was hier geschah. Die Fremden waren gekommen, um das „verdächtige" Kind weiter zu prüfen. So hatten die Würdenträger zwei völlig gleiche schwarze Rosenkränze mitgebracht. Den echten des 13. Dalai Lama und eine Fälschung. Das Kind griff instinktiv nach dem richtigen Rosenkranz. Derselbe Versuch wurde mit zwei Trommeln unternommen, einer kleinen des verstorbenen Dalai Lama und einer größeren mit reichem Schmuck und goldenen Beschlägen. Der Junge wählte ohne lange Überlegung die kleine echte Trommel und begann sie zu schlagen wie Mönche es beim Beten tun. Es folgten weitere ähnliche Prüfungen, die alle die Vermutung verfestigten: die Reinkarnation des 13. und damit der 14. Dalai Lama sei gefunden.

Verschlüsselt telegrafierte die Suchkommission diese Nachricht nach Lhasa und erhielt postwendend den Auftrag, den gefundenen Jungen aus Taktser nach Lhasa zu bringen.

Taktser liegt im nordöstlichen Teil Tibets. Dieses Gebiet stand unter der Oberhoheit Chinas, also war der chinesische Gouverneur in Kenntnis zu setzen. Die Suchkommission informierte den Gouverneur nur soweit, daß sie gekommen waren, um den neuen Dalai Lama zu suchen. Daß sie ihn bereits gefunden hatten, verschwiegen die Mönche logischerweise. Dennoch geschah etwas Sonderbares – oder typisch chinesisches: Der zuständige Gouverneur ging selber auf die Suche, trommelte alle in Frage kommenden Jungen zusammen und überprüfte sie mit einer Schachtel Süßigkeiten. Einige Kinder waren so verschüchtert, daß sie die Bonbons ignorierten, andere griffen gierig zu. Der Dalai Lama aß einen Bonbon höflich und bescheiden. Dieses fast erwachsene Verhalten schien dem Chinesen auszureichen, diesen Jungen für den aussichtsreichen Kandidaten seiner Provinz zu halten. Obwohl er von den Tibetern in dem Glauben gelassen wurde, dieser Junge sei nur ein Kandidat von vielen im ganzen Land, forderte er Geld für die Reisegenehmigung des Kindes nach Lhasa. 300 000 chinesische Dollar! Das war etwa soviel wie heute eine halbe Million Mark! Die Verhandlungen mit den Chinesen, bei denen sich die Summe ständig erhöhte, dauerten zwei Jahre. Lhasa zahlte schließlich widerwillig.

Lhamo hieß der kleine Junge aus dem Bauernhaus mit den türkisfarbenen Ziegeln. Als er im Triumphzug nach Lhasa geleitet wurde, war Lhamo ganze vier Jahre alt. Ein Kind, das nichts von seiner schweren Zukunft ahnte und nichts von dem auf ihn und sein Volk unaufhaltsam zukommenden Drama.

Ein Jahr später hob man den kleinen Dalai Lama auf den über zwei Meter hohen Thron, dann wurde er in einer prachtvollen Prozession acht Kilometer weit durch die Straßen der heiligen Stadt getragen. Drei Millionen Tibeter waren gekommen und wagten vor Ergebenheit nicht zu dem neuen Gott aufzublicken. Viele tausend Butterlampen flackerten unruhig in den Nachthimmel. Ein trügerischer roter Schein lag über der Stadt.

Die Flucht des Gottkönigs

„Ich konnte nur nach Indien gehen, die Regierung dort um Asyl bitten und mich in Indien der Aufgabe widmen, die Hoffnung für mein Volk überall wach zu halten."
Der 14. Dalai Lama

Am 1. Oktober 1949 übernahmen die Kommunisten unter ihrem Vorsitzenden Mao Tsetung die Macht in Peking. Die Volksrepublik China entstand. Noch im gleichen Monat meldete Radio Peking, Tibet sei ein Teil Chinas und die Volksbefreiungsarmee werde in Tibet einmarschieren, um das Land von allen fremden Imperialisten zu befreien. Einen Monat später meldete der gleiche Sender, daß der Pantschen Lama einen Appell an Mao gerichtet hätte, in der er um eine Befreiung seines Landes bat. Der Pantschen Lama war damals 11 Jahre alt! Die fremden „Imperialisten" waren fünf Ausländer: Heinrich Harrer, Peter Aufschnaiter, Hugh Edward Richardson von der indischen Gesandtschaft, Reginald Fox und Robert Ford. Ford und Fox waren Funktechniker, die damals den ersten Radio- und Telegrafendienst in Tibet aufbauten. Zwei Flüchtlinge also, ein Diplomat und zwei Techniker! Um sie zu vertreiben wollte China eine Armee schicken.

Der Dalai Lama war immer bemüht, Konflikte friedlich zu lösen, deshalb schickte er eine Delegation zu Verhandlungen nach Peking. Die Chinesen wollten aber nicht verhandeln, sie diktierten den Tibetern den berühmten 17-Punkte-Vertrag, der am 23. Mai 1951 in Kraft trat und Tibet Autonomie gewähren sollte.

Die Vereinbarung wurde mit einem in Peking nachweislich gefälschten Siegel und ohne Rücksprache mit Lhasa unterzeichnet.

Die wichtigsten Punkte waren:

„Artikel 3: Das tibetische Volk wird unter Leitung der Zentralregierung eine örtliche Autonomie genießen.
Artikel 4: Die Zentralbehörden werden das politische Regime Tibets nicht verändern. Sie werden an der Stellung, den Funktionen und den Machtbefugnissen des Dalai Lama nicht rütteln. Die Beamten aller Grade werden in ihren Stellungen belassen.
Artikel 7: Die religiöse Freiheit erhält für Tibet Geltung. Die religiösen Bekenntnisse und Bräuche des tibetischen Volkes werden respektiert; die lamaistischen Klöster werden geschützt.
Artikel 11: In keiner Hinsicht werden die Zentralbehörden auf die in Tibet einzuführenden Reformen irgendeinen Zwang ausüben. Die örtliche Regierung Tibets wird selbst diese Reformen vornehmen und sie, wenn das Volk danach verlangt, im Einvernehmen mit den chinesischen Behörden durchführen."

Schon zuvor hatten die Truppen der neuen kommunistischen Volksrepublik China das nach Freiheit und Unabhängigkeit rufende Tibet überfallen. Am 30. Oktober 1950 meldete United Press: „Delhi. Wie hier offiziell bekannt gegeben wird, sind chinesische kommunistische Truppen in Tibet eingedrungen und befinden sich weniger als 300 km von der Hauptstadt Lhasa entfernt."

Die Ereignisse überschlugen sich, das Chaos begann. 750 000 rotchinesische Soldaten überrannten das Land. Dazu kamen 4,5 Millionen Siedler aus chinesischen Provinzen. In Tibet formierte sich eine verzweifelte Widerstandsbewegung ganz speziell unter dem Khampas.

Nachdem die Vereinten Nationen und der gesamte Westen auf die wiederholten Hilferufe Tibets nicht reagierten, spitzte sich die Lage in Lhasa im März 1959 immer mehr zu. Der inzwischen in der Hauptstadt kommandierende chinesische General Tang Kuan-Sen schickte dem Dalai Lama eine Einladung zu einer Theateraufführung, die im chinesischen Militärlager stattfinden sollte und befahl gleichzeitig, daß der Dalai Lama ohne Leibwache und ohne jeden militärischen Schutz zu kommen habe. Die Theateraufführung sollte am 10. März stattfinden. Die Tibeter hatten längst die schmerzliche Erfahrung machen müssen, daß ihr Staatsoberhaupt nicht einmal die Möglichkeit hatte, eine gesellschaftliche Einladung abzulehnen!

Aber diese Einladung kam dem Dalai Lama und seinen Kabinettsmitgliedern besonders merkwürdig vor. In der Vergangenheit waren bereits an vier verschiedenen Orten der östlichen Provinzen hohe

Lamas für immer verschwunden, nachdem sie eine Einladung chinesischer Kommandanten zu Veranstaltungen angenommen hatten: Drei wurden umgebracht, einen hatten die Chinesen eingesperrt.
Der dringende Verdacht lag also nahe, daß dieser Einladung an den Dalai Lama ähnliche Motive zugrunde lagen. Dennoch sagte der Dalai Lama zu, denn er wollte jede nur erdenkliche Möglichkeit nutzen, um mit den Chinesen zu verhandeln. Aber in Lhasa ließ sich so eine Einladung nicht geheimhalten. Wenn der Dalai Lama den Potala oder den Norbulingka verließ, säumten sofort tausende von Tibetern die Straßen, sie alle wollten bei jeder nur möglichen Gelegenheit ihren Gottkönig sehen. So wußte die Menge auch rasch von der Einladung in das chinesische Militärlager. 30 000 Tibeter strömten zum Sommerpalast, aber nicht um den Dalai Lama zu sehen, sondern um ihn an dem Besuch des Theaters zu hindern, um ihn zu schützen. 30 000 Menschen begannen erregt und empört zu rufen: „Fort mit den Chinesen! Tibet den Tibetern!"
Der Dalai Lama erkannte die Situation und sagte seinen Besuch ab. Kurz darauf fuhr der tibetische Minister Samdup Phodrang mit zwei chinesischen Offizieren zum Palast. Die aufgebrachte Menge erkannte weder den Minister noch sein tibetisches Fahrzeug. Sie sahen nur die chinesischen Uniformen und erste Steine flogen. Samdup Phodrang brach, schwer getroffen, bewußtlos zusammen. ein anderer geistlicher Beamter, der enge Beziehungen zu der chinesischen Besatzungsmacht unterhielt und deshalb verhaßt war, wurde auf dem Weg in den Sommerpalast zu Tode gesteinigt. Zu dieser Situation schreibt der Dalai Lama: „Ich hatte das Gefühl, zwischen zwei Vulkanen zu stehen, die jeden Augenblick ausbrechen konnten – auf der einen Seite der heftige, unmißverständliche, einhellige Protest meines Volkes gegen die chinesische Unterdrückung, auf der anderen Seite die von Waffen starrenden Truppen einer aggressiven Besatzungsmacht. Wenn es zwischen beiden zu einem Zusammenstoß kam, war der Ausgang vorherzusehen: Das Volk von Lhasa würde erbarmungslos zu tausenden umgebracht werden und Lhasa und das übrige Land hatten unter all den Verfolgungen und all der Tyrannei einer schrankenlosen Militärherrschaft zu leiden."

Der Entschluß des Dalai Lamas, nicht in das chinesische Lager zu gehen, löste unter den Tibetern lauten Jubel aus. Die Menge aber blieb Tag und Nacht vor dem Norbulingka-Palast. General Tang Kuan-Sen drohte: „Wir werden jetzt handeln!" Noch einmal griff der Dalai Lama zur Feder und versuchte, den zornigen Chinesen zu beruhigen, indem er ihm schrieb, daß sein Kabinett alles nur Erdenkliche tun werde, um bei den Khampas und bei allen Tibetern jede gesetzwidrige Handlung und jede Unbesonnenheit zu verhindern.
Die tibetische Menge blieb jedoch beharrlich bei ihrem Gottkönig, während Tang Kuan-Sen seine Geschütze auf den Norbulingka richtete. Im Kampf Mann gegen Mann waren die Tibeter den Chinesen, die sie nur noch „Gyami" (die Männer mit den Ziegenbärten) nannten, haushoch überlegen. Ein Khampa hätte es leicht mit zwölf „Ziegenbärten" aufnehmen können. Gegen die modernen, schweren Waffen waren sie aber machtlos und verloren! Während außerhalb des Potalas sich die Situation immer mehr zuspitzte, sah es innerhalb fast bedrückend friedlich aus. Der Dalai Lama betete lange und intensiv, Pfauen schlugen ihr Rad auf den gepflegten Rasenflächen. Der Gesang von bunten Vögeln mischte sich mit dem Plätschern der Springbrunnen. Zahme Hirsche weideten neben weißen Kranichen – der Dalai Lama liebte dieses Juwel – und doch wurden die kalten Stahlrohre der chinesischen Artillerie bereits auf dieses friedliche Fleckchen Erde gerichtet, um ein Volk „zu befreien".
Jetzt, acht Jahre nach Beginn der chinesischen Invasion, hatten die fremden Militärs endgültig begriffen, daß sich das tibetische Volk nie freiwillig einer Fremdherrschaft beugen würde und es war das einfache Volk, das da draußen Wache hielt, nicht die Reichen und nicht die herrschende Klasse!
Am Nachmittag des 16. März krachten die ersten Schüsse, und zwei Granaten schlugen außerhalb des nördlichen Palasttores in einen Sumpf. Unmittelbar nach diesen Schüssen fiel die Entscheidung zur Flucht des Dalai Lama.

Die Überlegung, daß nur sein Überleben auch ein Fortleben Tibets garantiere, zwang den Dalai Lama zur Flucht. Wenn er durch die Hand der Chinesen umkäme, wäre dies gleichzusetzen mit dem Untergang des tibetischen Volkes. Solange der Dalai Lama noch am Leben ist, gleich an welchem Ort in der Welt, solange gibt es noch Hoffnung für Millionen Tibeter.

Aus diesen Überlegungen folgte der Entschluß, wobei der Dalai Lama zu diesem Zeitpunkt noch nicht wußte, wohin er fliehen sollte. In aller Eile und im engsten Kreis wurde nun beraten und geplant. Einige Khampas wurden in den Plan eingeweiht. Ebenso besonders vertrauenswürdige Anführer der Menge vor dem Palast. Die Flüchtlinge konnten nur das Allernotwendigste einpacken: wenige Schriftstücke, das Amtssiegel des Dalai Lama, zwei Lamagewänder zum Wechseln und Kleinigkeiten. So war es auch unmöglich, Geld mitzunehmen, denn der Staatsschatz lag im Potala. Für alle Fluchtvorbereitungen standen ja nur ein paar Stunden zur Verfügung.

Kurz vor dem nächtlichen Aufbruch begab sich der erst 24jährige Gottkönig in die Mahakala-Kapelle, um ein letztes Mal im Norbulingka zu beten. Der Dalai Lama legte eine weiße Glücksschleife nieder und zog dann rauhe Soldatenkleidung an, hängte sogar – für einen Dalai Lama ganz ungewöhnlich – ein Gewehr um, setzte eine Pelzkappe auf und versteckte seine Brille in der Manteltasche. Niemand hatte je so den Dalai Lama gesehen. Niemand würde ihn erkennen. Niemand beachtete den Trupp Soldaten und den besonders jungen Mann mit Pelzmütze und Atemschutz, der mit seinen Kameraden im Dunkel jener denkwürdigen Nacht verschwand. Am Ufer des Kyitschu, der in den Tsangpo fließt, warteten Khampas mit Lederbooten und drüben die Angehörigen des Dalai Lama sowie 30 weitere Khampakrieger. Weiße Glücksschleifen wurden nachts ausgetauscht, dann bestiegen die Flüchtlinge bereitstehende Ponys. Der Ritt ging bergauf auf schmalen Pfaden direkt am chinesischen Militärlager vorbei in die Berge. Plötzlich blitzten Taschenlampen hinter der eilig reitenden Kolonne. War die Flucht entdeckt – nein, es waren die Lampen einer Khampanachhut, die ihrem Gottkönig Rückendeckung gab. So ritt die Schar gemächlich, aber ohne Pause in die stillen und menschenleeren Berge. Gegen drei Uhr füh schlug ein Hund an, die Reiter erreichten ein einsames Gehöft. Der Besitzer Namyalgang wartete bereits auf den hohen Gast. Khampas hatten ihn kurz vorher informiert. Hier bei dem ersten Rasthaus verließ der 20jährige Khampaführer Wangchug Tsering den Dalai Lama, um ihn mit 400 gut ausgebildeten Männern von hinten zu schützen. Wangchug Tsering ist wenige Wochen später im Kampf gefallen.

Bei Sonnenaufgang zogen die Flüchtlinge weiter. Kleine Trupps hatten bereits vor dem Dalai Lama den Norbulingka verlassen, andere folgten. Jetzt wurden die einzelnen Gruppen von ihren Pfadfindern, den Khampas, zusammengeführt. So wuchs der Troß auf über 100 Menschen an, dazu kamen etwa 350 tibetische Soldaten und 50 Guerillas. Hundert Mann sicherten außerdem die Flanke im Südwesten, weil dort die Hauptstraße nach Indien führt.

Am 21. März verbreitete Radio Peking – lange bevor die Menschen in Tibet von der heimlichen Flucht wußten – daß der Dalai Lama von Banditen entführt worden sei. Woher wußten die Chinesen, daß sich ihr Opfer nicht mehr im Palast befand? Niemand weiß das heute genau, es gibt nur Vermutungen: eine handvoll Späher der Tibeter überraschten bei einem Straßenübergang chinesische Posten und griffen sie mit ihren Messern an. Dabei töteten sie acht Soldaten, drei konnten aber in der Dunkelheit entfliehen. Vermutlich haben sich diese drei nach Lhasa durchgeschlagen und Meldung gemacht. Aber schon einen Tag vorher, am 20. März, hatten die Chinesen nachts um zwei Uhr begonnen, den Norbulingka zu beschießen. Sie richteten ihre Geschütze nicht nur auf den Sommerpalast, in dem sie immer noch den Dalai Lama vermuteten, sondern ebenso auf den Potala, den Jokhang und die nahen Klöster Sera und Drepung. Einige Hauptgebäude der Sommerresidenz wurden total eingeäschert, alle anderen schwer beschädigt. Im Norbulingka und seiner Umgebung lagen tausende von Toten. Die genaue Zahl vermag niemand zu sagen. Nach dem Beschuß drangen Chinesen in den Palast ein und gingen von Leiche zu Leiche, um die Gesichter zu betrachten. Sie suchten den Dalai Lama. Dieses Vorgehen beweist, daß es den Chinesen jetzt völlig gleich war, ob sie den Dalai Lama tot oder lebend bekamen. Die Erkenntnis, daß sich der

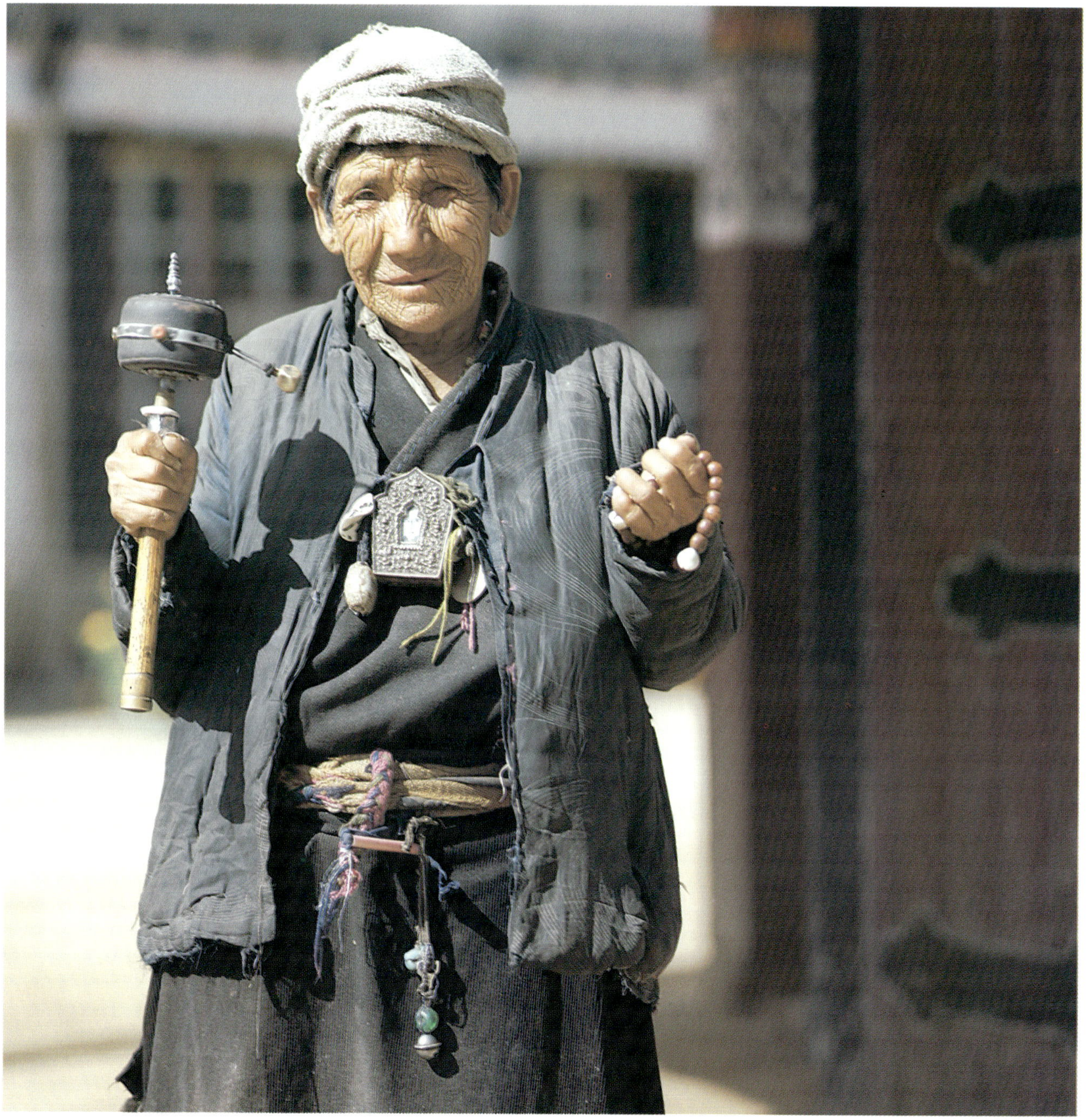

Tibeter drehen in Lhasa ihre Gebetsmühlen, in denen sich Pergamentrollen mit heiligen Texten befinden. Das weltweit gebräuchliche Wort Gebetsmühle ist im Grunde falsch, richtig müßte es „Gesetzesrad" (Mani Chos Kor) heißen. Der Gläubige hält es im Uhrzeigersinn ständig in Bewegung. So verehrt er die kraftspendende Drehung, die dem Universum zugrunde liegt.

Gesuchte nicht unter den Toten befand, muß mit der Meldung der entkommenen Posten zusammengefallen sein.

Der Flüchtlingstroß ahnte zu diesem Zeitpunkt noch nichts von dem grauenvollen Massaker in Lhasa, wohl aber von der vermutlichen Warnung der chinesischen Armee. Es war anzunehmen, daß chinesische Soldaten den Flüchtlingen spätestens jetzt folgen würden. Ohne lange Überlegungen entschieden sich die Dalai Lama treuen Khampas zu einer riskanten und todesverachtenden List. Sie zweigten eine Gruppe ihrer Männer ab, die die Verfolger irreführen sollten. Dieses Selbstmordkommando bestand aus 30 Freiwilligen und zog direkt nach Süden in Richtung Sikkim, während der Dalai Lama selbst nach Osten ritt, wo er bald in Gebiete kommen würde, die von den Khampas noch verhältnismäßig sicher kontrolliert wurden.

In den kleinen Ortschaften verbreiteten die Freiwilligen, daß sie den Dalai Lama zur Grenze nach Sikkim bringen würden. Sie wußten genau, daß es überall auch Überläufer gab, und so würden die Chinesen schnell erfahren, daß sie auf der „richtigen Fährte" waren. Dieses Unternehmen ging für alle Beteiligten tödlich aus. An der Straße Lhasa – Gyangtse – Sikkim blockierten 18 chinesische Lastwagen voll mit Soldaten den Weg. Die Chinesen marschierten schwerbewaffnet nach Osten, die Khampas nach Westen. In der Nähe des 4500 Meter hohen Karopasses stießen die beiden Einheiten aufeinander. Ein Tibeter stand gegen vier Chinesen, die alle wesentlich besser bewaffnet waren. Auch unter den Chinesen gab es große Verluste, von den Khampas aber überlebte niemand.

Durch diese heroische Tat hatten die Männer dem Dalai Lama einen sicheren Vorsprung verschafft. Jetzt waren die Verfolger weniger gefährlich als die Weg- und Wetterverhältnisse. Die Flüchtlinge kämpften sich über 5000 m hohe sturmumtoste Pässe, durch Schnee, Regen und Naturgewalten.

Erst viele Tage nach seinem Aufbruch hat der Dalai Lama erfahren, was inzwischen in Lhasa geschehen war. Erschüttert ritt er weiter bis Lhuntse Dsong, das lag auf der halben Wegstrecke zur indischen Grenze. Und hier in Lhuntse Dsong, einer altehrwürdigen Bergfestung, bildete der tibetische Gottkönig zusammen mit seinen bei ihm gebliebenen Kabinettsmitgliedern und Ministern eine neue tibetische Regierung, die Exilregierung, wie sie bis heute existiert. Eine Proklamation wurde feierlich verlesen und an alle Orte Tibets gesandt. Damit wurden die Tibeter im ganzen Land noch von tibetischem Boden aus offiziell über die Flucht und die Exilregierung informiert. Und erst jetzt fiel die Entscheidung der Flüchtlinge, nach Indien zu gehen. Kuriere wurden zur indischen Grenze geschickt mit Depeschen für Ministerpräsident Nehru. Eigentlich kam es nach Lhuntse Dsong nur noch zu zwei gravierenden Zwischenfällen: Auf einer Paßhöhe donnerte ein vermutlich chinesisches Flugzeug plötzlich über die Reiterkolonne und alle warfen sich blitzschnell in Deckung in den Schnee. Die Flüchtenden waren so überrascht und erschreckt, daß sie das Nationalitätenzeichen gar nicht genau ausmachen konnten. Es grenzt an ein Wunder, daß die Flugzeugbesatzung die vielen Menschen und Pferde oben auf dem verschneiten Paß nicht als die Gesuchten erkannte. Auf jeden Fall verschwand das Flugzeug so schnell wie es gekommen war.

Seit dieser Begebenheit ritten die Tibeter wieder in kleinen getrennten Trupps. Das Wetter verschlechterte sich. Der Dalai wurde krank und konnte nur noch langsam vorwärts kommen. 15 Tage nach seinem nächtlichen Aufbruch erreichte der Dalai Lama die tibetisch-indische Grenze. Hier konnte ihn kein Verfolger mehr fassen!

Tezpur ist ein winziges Nest in Assam. Staubige braune Straßen, grüne Teeplantagen und im Norden die Vorberge des Himalaya. Tezpur ist so klein und unwichtig, daß es von Atlanten und Lexika verschwiegen wird. Aber am 18. April 1959 stand Tezpur plötzlich im Rampenlicht. Tausende aus allen Teilen Indiens waren angereist, Reporter und Kameraleute aus der ganzen Welt. Auch Heinrich Harrer stand inmitten der Menge, zwischen Christen, Buddhisten und Hindus, und sie alle warteten auf einen Mann – oder auf einen Gott, denn für Millionen Menschen dieser Welt ist er ein Gott.

Der Dalai Lama war geflohen, er hatte überlebt.

Tibeter im Exil

„Die Chinesen taten so Schreckliches, daß es nicht niedergeschrieben werden kann! Aber ich betone, daß wir noch immer keinen Haß gegen das große chinesische Volk fühlen."
Der 14. Dalai Lama

Im kleinen Bergdorf McLeond Ganj oberhalb von Dharamsala stellte die indische Regierung dem Dalai Lama 1962 eine neue Residenz zur Verfügung. Dharamsala liegt etwa 500 km nordwestlich von Delhi in den Himalayabergen auf einer Höhe von 1800 Metern. Während Dharamsala einen typisch indischen Charakter hat – vermischt mit ein wenig britischem Kolonialstil –, ist McLeond eine richtige tibetische Insel außerhalb des Mutterlandes geworden. Eine kurvenreiche Straße führt von Dharamsala in ein Dorf mit zwei parallel laufenden Straßen, die nicht länger als jeweils eine halbe Meile sind. Rechts und links stehen kleine Kaufmannsläden, eher Buden, wie man sie überall im Land sieht. In den beiden Straßen und in den Geschäften sieht der Besucher nur wenige Inder, sondern Tibeter, die tibetischen Schmuck und Krimskrams, Hausrat, Lebensmittel und auch Coca-Cola und Limo verkaufen. Zwischen den bescheidenen Läden und Buden sind bunte Marktstände aufgebaut, im farbenprächtigen Straßenbild laufen rot- und orangegekleidete Mönche neben Hippies, Indern, Tibetern und wenigen Touristen. Überall flattern bunte Gebetsfähnchen von den Dächern. Noch ist Dharamsala ein Geheimtip unter den Globetrottern.

Es gibt ein indisches Hotel und ein halbes Dutzend kleinere tibetische. Schon beim ersten Eindruck weiß der Besucher, Dharamsala ist nicht Indien. Hier ist vieles anders. Da ist ein kleiner Tempel mit zahlreichen Gebetsmühlen gleich am Ortseingang. Außerhalb des Dorfes gibt es große tibetische Flüchtlingssiedlungen, das Kinderdorf der Schwester des Dalai Lama, Pema, für mehr als 1000 tibetische Waisenkinder, da sind die tibetische Opernschule, die Medizinschule, das Informationszentrum der Exilregierung und schließlich, etwa eine Meile vom Dorf entfernt, die Gompa und die Residenz des Dalai Lama.

In Dharamsala leben etwa 5000 Exiltibeter. Zur Waisenschule gehört ein Handwerkszentrum, in dem wunderschöne tibetische Teppiche gewebt und in alle Welt exportiert werden, in dem die alte Tradition des Thangka-Malens praktiziert wird und vieles mehr. Der Dalai Lama unterhält in Dharamsala seine Exilregierung mit 6 Ministerien für

die Betreuung der tibetischen Flüchtlinge in aller Welt,

die Pflege der tibetischen Kultur, Religion und Sprache,

die Erziehung und Ausbildung tibetischer Kinder,

die Bewahrung der nationalen und kulturellen Identität im Exil,

die Verteidigung der nationalen Souveränität des tibetischen Volkes auf der Grundlage einer demokratischen Staats- und Gesellschaftsordnung,

die Fortführung des tibetischen Freiheitskampfes im Interesse der 6 Millionen Tibeter in Tibet und im Exil.

Die Exilregierung stützt sich auf eine vom Dalai Lama ausgearbeitete Verfassung, die er 1963 proklamierte und die „dem tibetischen Volk ein demokratisches System sichern soll, das sich auf Gerechtigkeit und Gleichheit stützt und den kulturellen, religiösen und wirtschaftlichen Fortschritt des tibetischen Volkes sicherstellt."

Gompa und Residenz bilden in Dharamsala eine Einheit, um die ein Pilgerpfad wie um die alten tibetischen Klöster führt. Die Umrundung dieses Pfades im Uhrzeigersinn erfordert etwa 30 Minuten und läßt alte tibetische Tradition lebendig werden. Da sind Mönche unterwegs, alte und junge Tibeter in Festtagsgewändern und ihren schnarrenden Gebetsmühlen in den Händen, da flattern tausende von Fähnchen im Wind, und da laden hunderte von farbenprächtigen Manisteinen zur Meditation ein. Und dann die Gompa, der Jokhang von Dharamsala mit dem Thron des Dalai Lama an der Stirnseite – jeder Pilger wird um ihn ehrfurchtsvoll herumgehen und den Thron mit der Stirn berühren. Hinter dem Thron die große Statue Shakyamunis und in einer

Seitenkapelle herrliche Statuen aus Goldblech, die Tschenresi und Padmasambhava darstellen. Dann aber die plötzliche Erinnerung an die Wirklichkeit; in einer Glasvitrine liegen zwei abgeschlagene und stark beschädigte Köpfe der Original-Tschenresi-Statue aus dem Jokhang in Lhasa, die Tibeter hierher schmuggeln konnten. Ständig kommen Tibeter bis heute als Flüchtlinge über die Grenze, um im freien Indien zu bleiben. Andere schmuggeln nur Bronzen und andere Wertgegenstände aus den Klöstern und Ruinen oder sogar ihre eigenen Kinder hierher nach Dharamsala und gehen dann wieder in ihre Heimat zurück. Solche Märsche sind nach wie vor unglaublich harte Torturen, oft sind die Tibeter Wochen und Monate unterwegs, geben ihr Kind in der Waisenschule ab und gehen zurück – wieder wochenlang über Bergpässe, durch Schnee und Unwetter. Aber nur hier in Dharamsala können diese Kinder tibetisch erzogen und unterrichtet werden.

Hochinteressant ist auch das tibetische Informationszentrum mit seiner einzigartigen Bibliothek, nur etwa 20 Gehminuten von Dharamsala entfernt. In dem Museum findet alles, was Tibeter aus ihrem Land schmuggeln konnten, einen festen Platz: Bronzen, Manuskripte, Bücher.

Der 14. Dalai Lama wurde am 6. Juli 1935 in Osttibet geboren. So ist der 6. Juli für jeden Tibeter ein ganz besonderer Tag, für den Besucher von Dharamsala aber ein großartiges Zeugnis tibetischer Tradition und Kultur. Dreimal konnte ich mit den Tibetern zusammen in Dharamsala diesen Geburtstag feiern. Das Fest wird am Vorabend mit einer begeisternden Vorführung in der Waisenschule von Pema eingeleitet, ein Festival für Augen und Ohren. Fast drei Stunden dauert die Vorführung, in der Schüler als Khampas und Hirten, Adelige und Fürsten, Lamas und Laien tanzen, singen und Theater spielen.
Der Weg von der Schule zum Dorf ist weit und steil und dunkel. Deshalb kommen wir erst nach Mitternacht ins Bett. Aber um 6 Uhr früh sind wir schon wieder auf dem Pilgerpfad, zusammen mit tausenden von Tibetern in alten Trachten und Festtagsgewändern. Da dröhnt der Tempelgong, Pauken werden geschlagen, Gebete gemurmelt und unzählige weiße Glücksschleifen werden zu Ehren des Dalai Lama auf einen Altar gelegt. Weihrauch hängt schwer in der klaren Morgenluft. Plötzlich: nach den endlosen Gebeten ein alles durchdringender Aufschrei! Tausend Hände werfen gleichzeitig Mehl hoch in den herrlichen Himalayamorgen. Glück für den Dalai Lama, Glück für Tibet!
Pauken, Trommeln, Klarinetten und Gongs setzen ein. Wir folgen dem fröhlichen Zug durch das Dorf bis zur Opernschule. Hier gibt es Ansprachen, Maskentänze, Opern und Theater. Ein unglaublich wilder Wirbel tibetischer Kostüme, Masken und Menschen. Und dann der Gottesdienst im Jokhang von Dharamsala. Ist der Dalai Lama in Dharamsala, dann sitzt er vor der Menge von Mönchen und Laien auf dem Thron, betet, meditiert und lächelt. Immer wieder Trommeln und Gongs. Die Tempelhalle faßt die Menschen nicht mehr, sie hocken draußen, lauschen andächtig, drehen stundenlang ihre Gebetsmühlen.

Es geschieht aber auch viel Weltliches bei den Exiltibetern:
Die Chinesen hatten schon vor Jahren den Dalai Lama zur Rückkehr nach China eingeladen, daran allerdings die Bedingung geknüpft, daß er in der chinesischen Hauptstadt wohnen müsse und Tibet nur besuchen dürfe. Natürlich hat der Dalai Lama abgesagt. Unmittelbar nach den jüngsten Aufständen in Lhasa im Oktober 1987 haben die Chinesen ihr Angebot erweitert und korrigiert. Im Falle einer Rückkehr dürfe der Dalai Lama auch in Lhasa leben. Bedingung dafür ist aber, so heißt es in Peking, daß der Dalai Lama nicht mehr für die Unabhängigkeit Tibets eintritt und Tibet als Teil Chinas anerkennt.
Auf jeden Fall hat der Dalai Lama die Angebote Pekings sorgfältig geprüft und vor einer Antwort drei Erkundungsdelegationen von Dharamsala aus nach Tibet geschickt. Eine Delegation wurde von seiner Schwester Pema geführt. Die Berichte dieser Erkundungsgruppen dokumentieren das Entsetzen über das wahre Ausmaß der Zerstörungen in Tibet. Noch überraschter allerdings waren die Chinesen selbst, als sie ansehen mußten, wie die begeisterte tibetische Menschenmenge in einem wahren nationalen Rausch alle Absperrungen durchbrach und die Vertreter ihres Gottkönigs jubelnd begrüßte.

Autos, Yaks und hohe Berge

"In der großen Stille der unberührten Natur, fern von menschlicher Geschäftigkeit, unter offenem Himmel und umgeben von einer Traumlandschaft, deren Farben den Juwelenbergen eines mystischen Paradieses glichen, fühlte ich mich im Frieden mit mir selbst und der Welt."
Lama Anagarika Govinda

Im alten Tibet gab es nur Pfade für die Pilger und Wege für die Karawanen, aber keine Straßen für Autos. Erst als die Chinesen in das Land kamen, bauten sie erste Straßen nach Lhasa, dann eine Hauptroute von Ost nach West bis an die Grenzen Pakistans, die „Freundschaftsstraße" nach Kathmandu und 1975 sogar eine Straße bis unmittelbar an den Fuß des Mt. Everest bis hinauf auf 5000 Höhenmeter.

Mit den Straßen kamen auch Autos ins Land, Jeeps und Lastwagen. Für die Touristen gibt es heute sogar einige Busse, die aber nur in der Umgebung von Lhasa herumfahren können und bei total schneefreien Verhältnissen auch auf dem Arniko-Highway bis nach Zhangmu. Für alle anderen Ziele müssen aber geländetüchtige, möglichst vierradangetriebene Autos eingesetzt werden.

Weit im Westen von Tibet gibt es eine seltsame, ganze neue Ortschaft mit dem kurzen Name Ari. Eigentlich ist Ari nur eine große chinesische Militärgarnison, hunderte von Kilometern rund um Ari ist nichts als eisigkalte, staubige Hochgebirgswüste. Aber direkt neben dieser Garnison in der Wildnis haben die Chinesen ein neues Hotel gebaut – mit 100 Zimmern! Ich weiß nicht, wieviele Sterne dieses entlegene Hotel besitzt oder verdient, aber die Räume haben alle moderne Badezimmer mit WC, elektrischen Heizöfen aus Europa und Farbfernsehgeräten aus Japan.

Jedoch das Wichtigste hat man in diesem Hotel vergessen: Strom und Wasser. Eine Kerze pro Zimmer ersetzt Licht und Heizung – die Toilette sucht sich jeder Gast im nahen Umkreis des Hotels.

Solange Chinesen und Sherpas Besuchergruppen in Tibet gemeinsam begleiten, wird es Eifersucht und dadurch ausgelöst auch Haß bei den Chinesen geben. Es begann in der Nobelherberge von Ari eigentlich schon sehr viel früher. Zimmer waren zunächst nur für die „Sahibs" da, nicht aber für die Sherpamannschaft. Rasch baute ich drei Zimmer zu Massenquartieren um und bekam so einen freien Raum für unsere Freunde aus Nepal. Die Hotelführung murrte ein wenig.

Am nächsten Morgen soll es weitergehen, wir warten mit gepackten Seesäcken vor dem Hotel. Kein Auto und kein Fahrer! – Nach Auskunft der Chinesen müssen unsere Autos noch repariert werden. Wir warten nochmals einen Tag. Nun heißt es plötzlich, daß kein Benzin für uns vorhanden sei. Auch am nächsten Tag kann die Fahrt daher nicht weitergehen. Nur ein glücklicher Zufall hilft uns: Ich treffe einen mir bekannten, sehr freundlichen Chinesen. Seine guten Englisch-Kenntnisse helfen uns. Geduldig hört der Chinese zu, lächelte und führt mich in der Dunkelheit zu einem tibetischen Freund. In seinem Garten liegen gut getarnt einige Fässer. Endlich Benzin! In stundenlanger Nachtarbeit füllen wir die Fässer mit einem kleinen Schlauchstück in unsere Tanks. Es reicht aber nicht für alle Autos, nur für zwei. Wir rücken zusammen, nehmen die Sherpas zu uns in die Autos und fahren ohne unsere chinesischen Reiseführer weiter. Sie wollen folgen, sobald der Treibstoffengpaß in Ari behoben ist.

Nicht nur mit den Chinesen erleben wir Abenteuer, auch mit Tibetern. Wir haben am Nachmittag den Tsangpo bei Latse auf einer chinesischen Fähre überquert und sind jetzt unterwegs in Richtung Shegar. Aber Shegar liegt sehr hoch, die Nacht dort oben wird kalt werden, hier unten im Tsangpotal brennt die Sonne auf Felder und Wiesen. Herrliche Lagerplätze bieten sich an und offerieren eine angenehm warme Nacht. Ohne Diskussion sind auch unsere Chinesen sofort bereit, hier zu schlafen, denn ihre Kleidung und Ausrüstung ist sowieso für jede höhere Region unzureichend.

Gegen zehn Uhr abends weckt mich mein Sirdar

Während viele tibetische Ortschaften zu häßlichen chinesischen Militärgarnisonen mit Stacheldraht und Wellblechbaracken umgestaltet wurden, haben einige Dörfer und Städtchen ihren tibetischen Charakter behalten. Ein besonders schönes Beispiel dafür ist Shegar.
Blick auf Shegar vom Klosterberg aus. Deutlich sind die Flachdächer und die Innenhöfe zu erkennen, besonders eindrucksvoll ist hier aber das geschlossene tibetische Dorf-Ensemble.

Morgen in Shegar. Junge Hirten treiben ihre Schafe und Ziegen zur Weide. Optisch hat sich an diesen Bildern seit Sven Hedins Zeiten so gut wie nichts verändert.

Sangya, verstört kommt er in mein Zelt und berichtet:

„Komm raus, es gibt Probleme mit den Tibetern. Sie wollen unser Lager angreifen. Vermutlich sind sie betrunken."

Rasch fahre ich in meine Daunenjacke und finde die gesamte Sherpamannschaft erregt im Messezelt diskutieren. Was war geschehen? Angetrunkene Tibeter haben sich mit unserem chinesischen Lastwagenfahrer angelegt. Es kam zum Streit. Darauf haben die Tibeter Verstärkung aus Latse geholt und Chinesen und Sherpas energisch aufgefordert, den Platz sofort zu verlassen. Dabei fuchtelten sie wild mit ihren Dolchen herum und forderten Lakpa, einen unserer Sherpaführer, zum Messerkampf heraus. Die Sherpamannschaft formierte sich aber zur Gegenwehr, die Chinesen verschwanden unter ihrem Lkw. Ein Zelt besaßen sie nicht. Daraufhin rückten die Tibeter ab und versprachen, mit weiterer Verstärkung um Mitternacht zurückzukommen, um das Lager zu stürmen. Soweit der Lagebericht von Sangya.

Nun habe ich zu entscheiden und weiß nur, daß ich jeden Streit hier in fremdem Land vermeiden muß. Daß uns die Angreifer bereits eingekreist haben, sehen wir rasch an verschiedenen aufblitzenden Taschenlampen. Wenn sich doch nur ein Tibeter gezeigt hätte, gerne würde ich mit ihm verhandeln. Wir rufen in die Dunkelheit, bekommen aber keine Antwort. Ich schicke Sangya mit einem chinesischen Fahrer in die Garnison von Latse. Nach einer halben Stunde ist der Jeep zurück: „Das Militär will sich da raushalten, man möchte sich nicht mit Tibetern anlegen, man werde aber morgen früh eine Streife herschicken und nach dem Rechten sehen," berichtet Sangya enttäuscht. Rasch ist mein Entschluß gefaßt, wir löschen alle Lichter im Lager und bauen es blitzschnell ab. Schnell sind die Schläfer geweckt und informiert. Jeder arbeitet ohne viele Worte in der Dunkelheit mit. Fast gleichzeitig starten die Motoren der fünf Toyotas, die Motoren heulen schrill auf, die Autos springen förmlich zur nahen Straße und rasen nach Süden davon. Schon nach einer Meile lasse ich halten. Der Lkw fehlt. Wir warten 10 Minuten lang, er kommt nicht. Halten die überraschten Tibeter unseren Lkw fest? Ich werde mit Sangya und einem Jeep zurückfahren. Kaum haben wir gewendet, da tauchen vor uns Scheinwerfer in der Nacht auf. Es ist der Lkw – er hatte nur Startprobleme. Die Tibeter haben gesiegt und uns aus ihrer Stadt vertrieben. Erleichtert fahren wir in die Nacht hinaus, hinauf auf einen 5000 m hohen Paß und dann hinunter in die chinesische Kaserne von Shegar. Nachts um zwei Uhr wecken wir dort die Posten, und wenige Minuten später fallen wir todmüde in die unbequemen Militärbetten.

Ich kannte Shegar bereits von zwei früheren Reisen recht gut. Die Ortschaft liegt etwas abseits vom Arniko-Highway auf 4000 m Höhe und zeigt dem Besucher noch heute das alte Tibet. Der eigentliche Ort klebt förmlich an einem 300 m aufragenden Bergkegel. Bis zu seinem Gipfel ziehen sich die Ruinen alter Befestigungsanlagen, und von halber Höhe sieht man bereits den Mt. Everest im Süden aufragen. An diesem Hang steht auch die in der Kulturrevolution zerstörte Gompa, die wieder sehr schön aufgebaut ist. Während des gesamten Aufstiegs hat der Wanderer einen atemberaubenden Ausblick auf Shegar.

Von Shegar aus kann man in einer Tagesfahrt im Geländewagen das berühmte Rongbuk-Kloster direkt am Mt. Everest erreichen. Das ist eine touristische Weltsensation, denn nur in zwei Fällen führen Jeepstraßen direkt in das Basislager eines Achttausenders. Am Mt. Everest und am Shisha-Pangma. In beiden Fällen ist so eine Autofahrt allerdings kein reines Vergnügen; der Reisende erreicht die extreme Höhe viel zu schnell. Höhenkrankheit ist die Folge. Wir erreichten nach zwölfstündiger Fahrt Rongbuk. Das eigentliche Basislager liegt noch etwa 8 km weiter direkt an der Zunge des Rongbukgletschers. Ein gewaltiger Felsbrocken versperrte uns den Weg, und die chinesischen Fahrer wollten aufgeben. Unser chinesischer Führer, ein blasser Beamter aus Peking mit dem Namen Wang, konnte vor Kälte und Höhenkrankheit kein einziges Wort mehr sagen, er wollte nur nach Hause. Wir aber bestanden auf unserem Ziel und bauten in einstündiger harter Arbeit eine Rampe zum Überfahren des Felsens. Das Experiment gelang, und unser LKW rollte weiter bergauf. Dann habe ich dort oben drei Tage und drei Nächte

In der Kulturrevolution zerstörte Wandmalerei in den Ruinen des Klosters Rongbuk am Mt. Everest. Wir haben dutzendweise Gewehrkugeln aus den zerschossenen Bildern gezogen. Tausende von Bildern sind nie fotografiert oder katalogisiert worden. Selbst wenn heute einige Klöster wieder aufgebaut und restauriert werden, so ist es doch unmöglich, den angerichteten Schaden wieder gutzumachen.

Seit vielen Jahrhunderten überqueren Tibeter ihre Flüsse und Seen in leichten Yakhautbooten wie hier den Kyitschu in Lhasa. Yakhaut ist um Holzrahmen gespannt, ähnlich wie die Gummihaut um ein Faltboot. Die Boote können leicht von einem Mann getragen werden. Mit einem solchen Yakhautboot begann auch die Flucht des Dalai Lama.

Folgende Doppelseite: Yakkarawanen gehören zu Tibet. So zogen sie vor 500 Jahren und früher, so ziehen sie noch heute (hier in Westtibet). Während die Karawanenführer Pferde benutzen, werden beachtlich große Lasten auf dem Yakrücken transportiert. Selbst über 6000 m hohe Pässe können Yaks noch zwei Zentner schwere Lasten schleppen.

fast nur damit verbracht, chinesische Kocher zu reparieren, um Kartoffeln und Zwiebeln kochen zu können. Außer Kartoffeln und Zwiebeln hatten die Chinesen nichts mitgebracht. Sherpamannschaften durften wir damals noch nicht mit nach Tibet nehmen. Wang hatte, wie der Lkw-Fahrer, nur Halbschuhe an und einen dünnen Regenmantel. Ein Zelt besaßen die beiden nicht, so hockten sie den ganzen Tag und die Nacht in Wolldecken gehüllt im Fahrerhaus des Lastwagens, klagten über Kälte und Kopfschmerzen und Heimweh nach Peking. – Mit dem Auto zum Mt. Everest, das ist originell – und gefährlich. Aber das ist nicht Tibet!

Weite, Höhe, kristallklare Luft, Einsamkeit, Himmelsnähe – das alles läßt sich so nicht erleben. 1987 habe ich es ganz anders versucht. Wir fahren mit unserer bereits tibeterfahrenen Sherpamannschaft in einem Bus bis Tingri, dem kleinen Marktflecken auf der Nordseite des Nangpa La. Seit Jahrhunderten ziehen Sherpas aus Nepal mit ihren Yakkarawanen über diesen Paß nach Tingri und Tibeter hinüber nach Solukhumbu, um Handel zu treiben. So gibt es in Tingri im Windschatten der auf einem Berg liegenden Festungsruinen immer noch eine typische Karawanserei, in der sich die Karawanentreiber, Händler und Sherpas treffen, schwatzen, Buttertee und Tschang trinken und nächtigen. Hier in der Karawanserei mietet mein Sirdar Sangya zwei Dutzend Yaks für den langen Weg zum Mt. Everest. Es ist Karfreitag, nachts hatten wir minus zehn Grad in unseren Zelten, draußen war es vielleicht noch fünf Grad kälter, aber der Himmel ist wolkenlos, tiefblau und sehr nahe.

In unserem Lager herrscht reges Leben. Von allen Seiten kommen Treiber mit ihren Yaks, ein einziges, permanentes Gebimmel. Dazwischen Rufe, Befehle, unsere Sherpas übernehmen selbst das Beladen der Tiere. Es wird viel gelacht und gerufen; ausgerissene Tiere müssen zum Spaß aller neu eingefangen werden. Wir sind an diesem ersten Tag noch ein bißchen unerfahren und so wird es Mittag, bis sich meine erste Yakkarawane in Bewegung setzt. Hoch beladen mit Zelten, Proviant und den roten Seesäcken meiner kleinen Reisegruppe ziehen wir die weite Ebene nach Süden hinaus. Im Südosten grüßt der Mt. Everest mit seiner Sturmfahne herüber, wir aber halten direkt auf den Cho Oyu zu, genau gesagt auf den Nangpa La, der westlich des Achttausenders bereits von Tingri zu erkennen ist. Jetzt – um die Mittagszeit – sticht die Sonne vom wolkenlosen Himmel, so daß wir Jacke und Pullover ausziehen können. Die meisten meiner Gruppe tragen gar nichts, nicht einmal ihre Kamera. Dafür gibt es private Träger aus Tingri, Buben und Mädchen, die sich gerne zwei Dollar am Tag verdienen und dafür Fototaschen und Tagesbedarf der „Sahibs" schleppen. Ich möchte mich und meine Kraft im fortgeschrittenen Alter überprüfen, und deshalb habe ich mir alleine 21 Kilo Fotogepäck aufgeladen. Wir wandern – oder trekken – in einer Höhe von über 4000 Metern, aber unsere Träger und Trägerinnen singen, pfeifen und schwatzen genau wie die immer fröhlichen Sherpas.

Yaks gehören zu Tibet wie Nomaden, Berge, Mönche und Götter. Ohne das Yak ist ein Überleben auf den eisigkalten Hochebenen gar nicht denkbar. Ein Yak ist etwas kleiner als ein Ochse, hat langes zottiges Haar, das gegen Temperaturen bis 40 Grad minus sicher schützt. In den Bergen sind die Tiere trittsicher wie die Gemsen. Sie dienen dem Menschen in Tibet als Reit- und als Packtiere, sie ziehen den Pflug und sind so die wichtigsten Helfer bei der Feldarbeit. Selbst über 6000 m hohe Pässe, durch Eis und Schnee, können Yaks noch zwei Zentner schwere Lasten schleppen. Die Milch der Kühe, die nicht Yak, sondern Dri heißen (Yak ist der Name allein für das männliche Tier), gibt die Butter für den berühmt-berüchtigten Buttertee. Das Yakfleisch wird in der kalten, feuchtigkeitsarmen Luft getrocknet – ähnlich wie Bündnerfleisch – und ergibt so einen wichtigen Vorrat für die strengen Winter. Aus den langen Haaren der Yaks werden feste Seile gefertigt und winddichte Stoffe für die Nomadenzelte gesponnen. Aus dem Fell schließlich schneidert sich der Tibeter Mäntel und Stiefel und aus der Haut baut er leichte und wendige Yaklederboote zum Überqueren der großen Flüsse. Gute Schnapsflaschen lassen sich aus den Hörnern schnitzen, und die langen Schwänze werden schließlich zu Staubwedeln und Schmuckquasten verarbeitet. Zu den wich-

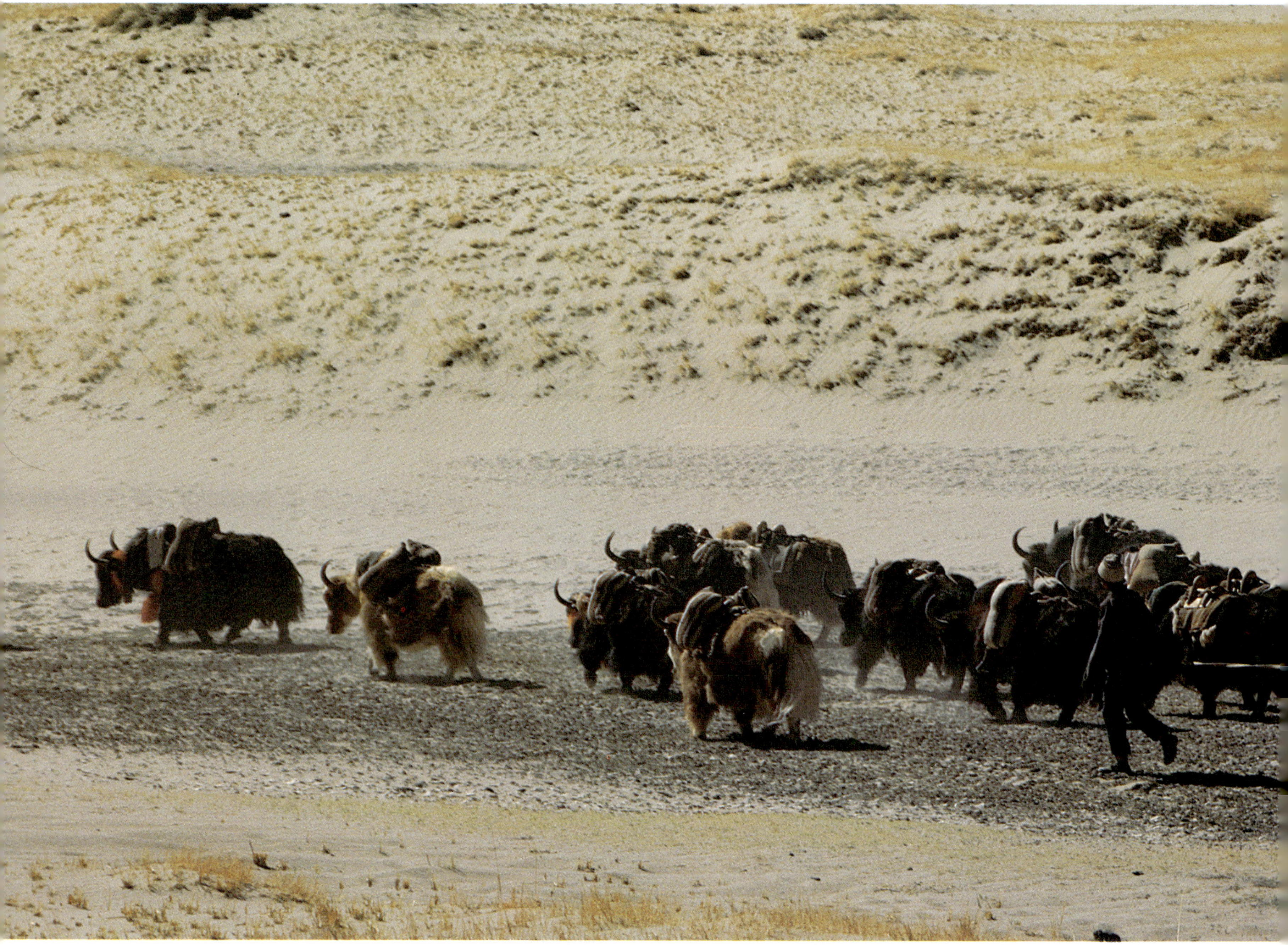

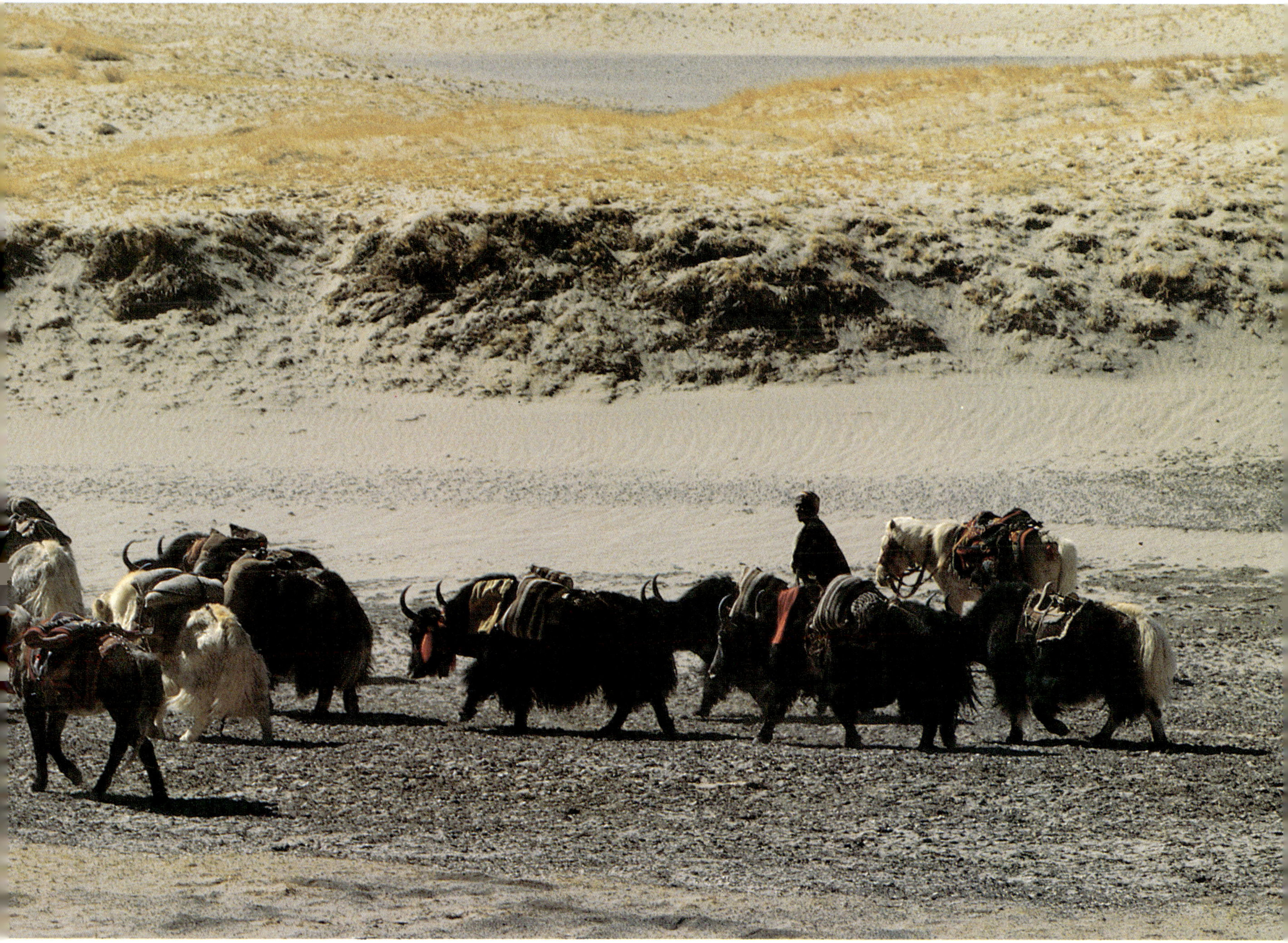

tigsten Yakprodukten gehört auch der Mist, der im Sommer getrocknet das Heiz- und Brennmaterial für den Winter ergibt. Nein, ohne Yak geht es in Tibet nicht. Mich hat ein Nomade in Westtibet einmal gefragt, ob wir in Deutschland auch viele Yaks haben – denn viele Yaks bedeuten in Tibet Reichtum und Ansehen für den Besitzer. Als ich erklärte, daß wir in Deutschland überhaupt keine Yaks kennen, meinte mein Gastgeber fast traurig und erschrocken: „Deutschland muß ein sehr armes Land sein, ganz ohne Yaks. Ihr solltet es mit Yaks versuchen, dann wird es Euch rasch besser gehen!"

An diesem unvergeßlich schönen Karfreitag bin ich sicher, mit Yaks sieht die Welt ganz anders aus, vor allem die tibetische. In den ersten beiden Marschstunden sehen wir viele weidende Yaks und große Schafherden neben unserem Weg, dann wird es ruhiger, immer einsamer. Schon fünf Stunden nach unserem Abmarsch in Tingri erreichen wir ein winziges Dorf mit dem Namen Lu Dschang auf einer riesigen Schuttmoräne am Fuß des Cho Oyu. Wolken sind aufgekommen, sie bringen kalten Wind aus den Bergen mit. Rasch schlagen wir unser Lager neben den Lehmhütten auf, die Sherpas sind wahre Meister im Zeltaufbau, und Ang Tsering hält bereits heißen Tee für alle bereit. Die Berge sind rasch zugezogen, unser Lager ist bald schon von Kindern in Lumpen mit ihren typischen Schnotternasen umringt. Auch die Erwachsenen kommen, lachend grüßen sie und führen uns stolz ihre uralten Vorderlader vor. Hierher hat sich noch keine Trekkinggruppe verirrt. Die Yaks weiden unweit der Zelte, die Treiber verschwinden in den Häusern des Dorfes. Das Gebimmel der Yakglocken und das emsige Hantieren der Sherpas im Küchenzelt weckt uns am nächsten Morgen. Es ist schon 8 Uhr, aber eigentlich doch noch recht früh. Drüben in Nepal ist es jetzt erst halb sechs. Hier in Tibet gibt es überall Pekingzeit, obwohl sich das riesige Land über mehrere Zeitzonen erstreckt.

Den 8000 m hohen Bergen vor uns fehlen völlig die Wälder und Vegetationszonen, wie wir sie von Solukhumbu und dem indischen Himalaya her kennen. Während wir gestern leicht bekleidet neben unseren Yaks herbummelten, bläst uns heute eisiger Wind in das Gesicht. Er verschlägt uns glatt und kalt die Sprache, jeder Schritt wird bald zur Qual. Für die Mittagsrast finden wir kärglichen Windschutz zwischen einigen Steinen. Und irgendwo in diesem Wind, zwischen Geröll und Hügeln und wehenden Sandfahnen bewegt sich unsere bunte Karawane. Über 30 Tiere sind es jetzt. Da taucht sie auf, weit hinter uns, jetzt verschwindet sie wieder in einer Bodenwelle. Der Wind steigert sich zum Sturm, reist zwei Freunden die Kamera einfach aus der Hand, peinigt uns immer mehr. Wir sind fast 5000 m hoch, aber gegen Mittag steht die Sonne im Zenit und wir haben kaum noch eine gültige Orientierung. Gehen wir Richtung Nangpa La oder schon ostwärts Richtung Everest? Um uns nur fliegender Sand und gleißendes, blendendes Tibet.

Über zwei Stunden lang warten wir beim Lagerplatz auf die letzten unserer Gruppe, so weit hat uns heute der Wind auseinandergezogen. Da das Küchenzelt noch nicht steht, die Sherpas haben große Schwierigkeiten in dem Sturm, zwänge ich mich in ein geräumiges Nomadenzelt, das nur wenige Schritte von unserem Lager entfernt steht. Drinnen ist es ruhig, warm und urgemütlich. In der Mitte steht ein richtiger Ofen, auf dem Tee kocht, und die Nomaden winken mir freundlich zu, in ihrer Mitte Platz zu nehmen.

Am Abend mischt sich dichtes Schneetreiben in den Sturm. Schon nach wenigen Minuten sind wir total eingeschneit, aber dafür wird die Nacht hier oben wärmer als unten in Tingri.

Am nächsten Tag ist die Welt um uns tief verschneit, aber der grausame Wind hat wenigstens nachgelassen. Wir warten nicht auf das langwierige Beladen unserer Yaks, wir gehen einfach los, immer weiter das verschneite Tal hinauf. In windgeschützten Mulden treffen wir auf weitere Nomadenlager. Am Abend erreichen wir ein neues Nomadenlager in einem lieblichen Flußtal: Saftig grüne Weiden auf beiden Seiten des Ufers.

Die Nacht wird wieder kalt, und am nächsten Tag müssen wir eine dicke Eisdecke auf dem Fluß durchschlagen, um Wasser für das Frühstück zu bekommen. Es wird ein unvergeßlicher Tag. Direkt vom Lager aus geht es nur noch bergauf, hundert Minu-

Der Mt. Everest oder tibetisch Chomolungma (Göttin Mutter der Erde) von der tibetischen Nordseite aus gesehen. Der 8848 m hohe Gipfel der Welt glüht im letzten Abendlicht. Rechts zieht sich der Westgrat, die Grenze nach Nepal, empor, links unter der Schneefahne der Nordostgrat. Die Aufnahme entstand vom tibetischen Basislager in 5 154 m Höhe aus.

ten lang. Steil steigen wir auf einen Paß. Ich sehe schon die Gebetsfahnen, noch wenige Schritte – oben.

Welch ein Panorama: zum Anfassen nahe der Mt. Everest, der Gipfel der Welt mit all seinen eisigen Trabanten, eine gewaltige Schneefahne zieht sich vom Westgrat in Richtung Cho Oyu.
Unsere tibetischen Träger sind mit uns vorausgeeilt und werfen sich ehrfurchtsvoll auf den Boden, beten lange und ergriffen zur „Göttin Mutter des Landes" hinüber. Auch die Sherpas verneigen sich vor dem Berg.
Jenseits des Passes, unten im Tal, hören wir die Wasser des Rongbukflusses, den wir heute auf einer Steinbrücke queren müssen. Am anderen Ufer erreichen wir am Abend die Fahrstraße. Für Rongbuk selbst wird es zu spät.
Aber am nächsten Tag sind wir schon gegen Mittag am Kloster. Ein traumhafter Anblick! Hier haben etwa 50 Mönche ein wahrhaft entlegenes Kloster zu Ehren ihrer Götter und des Mt. Everest gebaut und bewohnt. Ihr Abt hat schon den ersten britischen Expeditionen seinen Segen erteilt. Vor dem Kloster haben schon so legendäre Männer wie Irvin, Mallory und Odell campiert.
Heute jedoch stehen nur noch Mauern und einige Fassaden mit zerschossenen Freskenresten da. Die Maschinengewehrgarben der Rotarmisten haben auch hier mit entsetzlicher Brutalität die Götterwelt zerfetzt.
Von Rongbuk zieht unsere Karawane noch einen halben Tag weiter hinauf, bis zum Rongbukgletscher! Wir sind am Ziel! Um uns nur eisige Höhen, Schneefahnen am abendlich rotglühenden Everestgipfel, donnernde Lawinen an den Nordabstürzen des Pumori. Ich habe diesen Ort zum zweiten Mal erreicht – wie anders aber als damals mit dem Lkw.
Seit über zwanzig Jahren bin ich in allen Erdteilen unterwegs, aber dieser Weg gehört wirklich zu den schönsten unserer Welt! Man darf ihn aber nicht fahren – man muß ihn gehen, Schritt für Schritt, durch Kälte und Sturm, durch Sonnenglut und an gastfreundlichen Nomadenlagern vorbei. Man muß den Schnee genauso geschmeckt haben wie den Buttertee. Man muß die wehenden Gebetsfahnen auf den Pässen gegrüßt und die rauchigen, warmen Yakhaarzelte erlebt haben. Man braucht verläßliche Freunde und natürlich auch Yaks.
Wir haben Tibet gefunden, so wie damals Sven Hedin, so wie Herbert Tichy und so wie Lama Govinda. Seine Worte, die ich diesem Kapitel vorangestellt habe, lernte ich während dieser Wanderung mit der Yakkarawane richtig verstehen.

Kailas – Mittelpunkt der Welt

„Auf Erden gibt es keinen schöneren Ring als den, welcher den Namen Manasarovar, Kailas und Gurla Mandata trägt; es ist ein Türkis zwischen zwei Diamanten."
Sven Hedin

Für westliche Menschen sind Berge wie der Mt. Everest, Nanga Parbat und K2 interessant, anziehend und faszinierend, weil sie für sensationelle Schlagzeilen in der Weltpresse, in unzähligen Büchern und bei Vortragsveranstaltungen sorgten. Die Medien haben uns diese höchsten Weltberge sehr nahe gebracht und ebenso ihre Helden, die mit und ohne Sauerstoff auf die höchsten und gefährlichsten Gipfel stiegen, die in Eis- und Schneehöllen, in polaren Orkanen oder unter stürzenden Lawinen starben oder – wie Reinhold Messner – auch überlebten. Ohne die Medien Radio, Fernsehen, Buch, Zeitung und Vortrag wären uns diese Berge fern und fremd geblieben.

Ganz anders verhält es sich mit dem heiligen Berg Kailas in Westtibet. Er gehört nicht zu den berühmten Achttausendern, ist „nur" 6714 m hoch und wurde bis heute von keinem Alpinisten bestiegen. Auch ohne eine dramatische Expeditionsgeschichte, ohne Medienberichte und ohne Todesfälle wurde der Berg bekannt und berühmt, viel berühmter als die ganz großen, hohen, gefährlichen. Ich bin sogar davon überzeugt, daß mehr Menschen auf der Welt den Namen Kailas kennen als den Namen Mt. Everest.

Der Kailas ist der heiligste Berg der Welt, und lange bevor Begriffe wie Alpinisten, Expeditionen oder Gipfelsieg geprägt, ausgesprochen und gedruckt wurden, pilgerten gläubige Menschen zu tausenden durch fieberfeuchte Dschungel, über den eisigen Himalaya und Transhimalaya, durch endlose Hochgebirgswüsten und über windgepeitschte Plateaus bis zu jenem Berg, der all diesen Menschen Seelenfrieden, Glück und Erleuchtung schenkte. Daß unzählige Pilger auf dem harten und gefahrvollen Weg zum Kailas von Räubern geplündert und erschlagen wurden, andere an den Strapazen des Weges und durch die Unbilden des Wetters starben, änderte nichts an der Tatsache, daß die Anhänger der vorbuddhistischen Bönreligion, die Buddhisten und auch die Hindus nur *einen* Wunsch im Leben verwirklichen wollten: die Pilgerreise zum heiligen Berg Kailas und zu den heiligen Seen Manasarovar und Rakastal.

Für Hinduisten ist der Kailas Wohnsitz ihres Gottes Shiva und seiner Gemahlin Gurga. Die Buddhisten sehen im Kailas den Mittelpunkt der Welt, die Achse zwischen Erde und Himmel, und die Anhänger des Bönglaubens haben erkannt, daß am Kailas die vier wichtigsten Flüsse Asiens entspringen: der Ganges, Hindus, Sutlej und der Brahmaputra, der in Tibet Tsangpo heißt. Ohne diese Flüsse ist ein Leben in Tibet nicht denkbar. Schon diese Tatsache deutet auf einen wichtigen, lebensspendenden Ort hin.

Welche Religion oder welcher Glaube ist nun richtig und für den Pilger verbindlich? Diese Grundsatzfrage vieler Philosophen wird vom tibetischen 14. Dalai Lama einfach und sehr tolerant beantwortet, da er sagt, daß viele ganz unterschiedliche Religionen auf der Welt notwendig und nützlich sind. Dabei geht es viel weniger um äußere Formen, um Tempel, Klöster und Organisationen, sondern allein um innere Werte. Jede Religion legitimiert sich, wenn sie dem Menschen zu mehr Glück und innerem Frieden verhilft.

Für den einzelnen ist demnach seine praktizierte Religion immer dann sinnvoll, wenn sie ihm als gläubigen Menschen zu mehr Freiheit, zu mehr Würde und zu mehr Humanität verhilft. Gelangt ein Christ durch seinen Glauben zu innerem Frieden, zu mehr innerer und äußerer Freiheit und zu mehr Hilfsbereitschaft anderen gegenüber, dann ist das Christentum für diesen Menschen richtig. Gleiches gilt für den Hindu und auch für den Buddhisten. Diese Grundgedanken des Dalai Lama finden wir an keinem anderen Ort der Welt so lebensnah, so ehrlich und so tolerant verwirklicht wie am Kailas, zu dem Gläubige aus ganz unterschiedlichen Motiven pilgern.

Die mystische Kraft des Kailas ist so groß, daß selbst Räuber, die in ihren Mitteln und Taten Pilgern und

Karawanen gegenüber in Tibet nie sehr wählerisch waren, hier an den heiligen Seen am Fuße des Kailas ihre Opfer zwar überfielen und plünderten, aber nie nach dem Leben trachteten. Selbst die wildesten der tibetischen Räuber fühlten sich am Kailas von den Göttern beobachtet.

Die ersten europäischen Forscher wie Sven Hedin und Herbert Tichy haben von der Kailas-Region geschwärmt und sie begeistert geschildert. Die größten Lobeshymnen finden wir aber bei Lama Anagarika Govinda, der dieses Gebiet als letzter Europäer vor der chinesischen Invasion bereist hat: „Ich glaube kaum, daß es einen Ort auf Erden gibt, der erhabener und würdiger wäre, mit dem Paradies identifiziert zu werden, als die Kailas-Manasarovar-Region, die die Tibeter den Nabel des Jambudvipa (der menschlichen Welt), das Zentrum aller Länder, das Dach der Welt nennen und beschreiben als das Land des Goldes und der Juwelen, die Quelle der vier großen Flüsse, die von der Kristallpagode des Kailas gekrönt und mit dem magischen Türkisspiegel des Manasarovar geschmückt ist."
Govinda vergleicht in seinen Betrachtungen auch den Buddhismus mit dem Hinduismus: Wie jeder indische Tempel seinen heiligen Teich hat, befinden sich am südlichen Fuß des Kailas die heiligen Seen Manasarovar und Rakastal. Für die Hindus also ein gigantischer Tempel, für die Buddhisten ein gewaltiges Mandala.

Während die ersten Tibetbesucher nur nach Lhasa und Shigatse durften, erteilten die chinesischen Behörden Reinhold Messner bereits im November 1984 (gegen gute Devisen) eine Genehmigung für eine Kailas-Reise, untersagten ihm aber, den Berg selbst zu besteigen. Das stellten sie ihm für 1987 in Aussicht, was Reinhold Messner allerdings nicht angenommen hat.
Ich selbst bat im September 1984 in Peking um eine Genehmigung, zum Kailas zu reisen. Die chinesische Entscheidung fiel negativ aus. Wenige Wochen später tröstete mich der Dalai Lama: „Warte, bis Tibet wieder uns Tibetern gehört. Sollte ich doch wieder nach Lhasa kommen, dann kannst Du in unserem Land frei reisen, wohin immer Du möchtest!"

Ab Herbst 1985 konnte man dann den Besuch des Kailas im Reisebüro buchen. Im April 1986 versuchte ich, den Kailas von Kathmandu aus über die sogenannte kurze Südroute zu erreichen, was jedoch mißlang, denn auf der Südroute lag noch viel zu viel Winterschnee.

Wir fahren stattdessen in vier chinesischen Landcruisern mit unserer Sherpamannschaft am Shisha Pangma vorbei nach Westen. Der Chinese Chang Chan folgt uns mit einem wenig Vertrauen erweckenden Militär-Lkw, auf dem wir unsere Zelte, den Proviant und Treibstoff haben. Chang ist der Leiter unserer Expedition zum Kailas. Selbst dagewesen ist er ebensowenig wie die chinesischen Fahrer. Aber als Führer und Direktor der „China Tibet Tourism General Corporation" besitzt er immerhin eine leuchtend rote Daunenjacke, eine Wollmütze und Handschuhe. Die anderen Chinesen, die Fahrer und einige Helfer, haben nur leichte Stoffturnschuhe, graublaue Maojacken und außer Nudeln und Tee so gut wie keine Verpflegung mitgenommen. Abend für Abend hocken sie in Höhen um 5000 m frierend unter einer drei Quadratmeter großen Schutzplane neben ihrem Lkw, zittern fürchterlich und schauen mit großen Augen auf unser Küchenzelt.
Wir sind aus dem warmen Kathmandutal verhältnismäßig rasch auf das tibetische Plateau gefahren und leiden alle ein wenig an Kopfschmerzen und Appetitlosigkeit, ebenso an den niedrigen Temperaturen. Nachts messe ich im Zelt noch minus 11 Grad. Um so mehr überrascht uns der Sonnenaufgang am nächsten Tag: es ist unglaublich klar und warm. Die Luft ist so sauber und transparent, daß man Entfernungen kaum schätzen kann. Die Schneegipfel rücken zum Greifen nahe an unser Lager. Schon wenige Minuten nach Sonnenaufgang wird es in windstillen Ecken richtig heiß, so daß wir die Daunenkleidung ablegen können. Langsam tauen auch unsere Chinesen auf, die Sonne erweckt sie nach der eisigen Nacht zu neuem Leben.
Eine Fahrspur führt nach Westen, wir folgen ihr Stunde um Stunde. Die Landschaft wird immer eintöniger, kaum noch Nomadenzelte, keine weidenden Herden. Und Schneeberge im Süden sind nur noch zu erkennen, wenn wir eine Paßhöhe erklim-

Der Kailas ist der heiligste Berg der Welt, er wird von Hindus und Buddhisten ebenso verehrt wie von den Anhängern der alttibetischen Bönreligion. Das Bild zeigt den 6714 m hohen Dom des Kailas, der noch unbestiegen ist, von Süden.

men. Unser Tagesziel heißt Saga. Ein Dorf in der Wüste. Chinesische Wellblechhäuser in der blendenden Mittagssonne, gelangweilte Soldaten auf Fahrrädern, sonst nichts. Doch da ist der träge fließende Tsangpo mit einem Fährboot, das uns mitsamt den Toyotas zum anderen Ufer bringt. Die Fähre besteht aus zwei Holzbooten, die mit Brettern so gut verbunden sind, daß die Bohlen uns und unsere Autos tragen. Chang mit seinem Truck ist noch gar nicht da. Er wird vermutlich einige Meilen hinter uns sein und bald bei uns eintreffen. Ein Traktor zieht das Fährboot an einem langen Seil über das Wasser nach Saga. Saga liegt nur 4450 m hoch, fast 500 m unter unserem letzten Camp. Deshalb beschließe ich, hier die Nacht zu verbringen. Die 500 m Höhenunterschied werden uns allen gut tun. Erst Stunden nach uns folgt Chang mit dem Truck. Kaum haben wir unsere Zelte etwas außerhalb von Saga aufgeschlagen, da bekommen wir auch schon Besuch! Große Scharen von Kindern hocken vor unseren Zelten, die Buben und Mädchen möchten in unsere Kamerataschen und Rucksäcke schauen, sie freuen sich über jede Kleinigkeit, die wir ihnen zeigen. Erwachsene Tibeter stehen stundenlang herum und beobachten uns. Mir scheint, hierher haben sich noch nie Fremde verirrt. Vielleicht sind wir die allerersten Touristen in Saga.

Ab Saga ändert sich die Landschaft. Kein Wüstencharakter mehr, sondern weite, grüne Täler, in denen Yaks weiden und Tibeter ihre Herden hüten. Hier und da dunkle Nomadenzelte, Karawanen ziehen unweit der Straße entlang in beide Richtungen. Eine Pilgerkarawane marschiert zum Kailas. Sie kommt aus Shigatse und ist bereits 22 Tage unterwegs. In 28 Tagen werden die Männer, Frauen und Kinder ihr Ziel erreichen. Chang ist mit seinem Truck, den er in der letzten sternenklaren Nacht bei großer Kälte stundenlang repariert hat, wieder weit zurückgeblieben. So weit, daß er uns auch bei längeren Fotopausen nicht einholt. Gegen Mittag erreichen wir unser heutiges Etappenziel: Zhongba. Ein chinesisch anmutender Barackenort mit vielen Soldaten und einem verblüffenden Ausblick nach Süden. Da türmen sich gewaltige Eisgipfel in den wolkenlosen Himmel. Einer unserer Sherpas hat einen Kompaß dabei. Ich versuche, meine recht ungenaue Karte einzunorden. Wir sind nicht ganz sicher, wo Zhongba liegt, aber ich vermute unseren Standort genau im Norden von Mustang. Deshalb tippe ich auch auf Dhaulagiri, Annapurna und Manaslu im Süden. Die vielen Kasernen bestätigen eigentlich meine Vermutung, denn von Mustang aus wurden seit der chinesischen Invasion immer wieder Waffen und Untergrundkämpfer nach Tibet geschleust. Tibeter erzählen mir an diesem Nachmittag auch, daß es von Zhongba aus direkte Verbindungswege nach Nepal geben soll.

Der Nachmittag vergeht mit Warten auf Chang. Das ist ärgerlich, denn ohne ihn haben wir weder Zelte noch Proviant. Ich suche hier im Ort eine Unterkunft für meine Reisegruppe und treibe schließlich auch einen leeren, windgeschützten Raum und sogar ein kleines Restaurant auf. Endlich kommt der Toyota mit den beiden Chinesen, die ich losgeschickt hatte, um Chang zu suchen, zurück. Die Fahrer haben Chang gefunden. Sein Truck liegt 60 km vor Zhongba mit gerissenem Kühler. Froh hier zu sein, fährt Chang sofort in die Kaserne an das nächste Funkgerät. Telefonverbindungen gibt es hier noch nicht. Er erreicht tatsächlich die Militärstation von Zhangmu, wo wir vor vier Tagen aufgebrochen sind. Dort will man sofort einen neuen Lkw in Marsch setzen. Chang hat im Toyota unsere Zelte mitgebracht, die wir jetzt in der kalten und klaren Nacht aufschlagen. Am frühen Morgen, es ist noch dunkel, wache ich auf. Motorenlärm hat mich geweckt, grelle Scheinwerfer huschen über die Zeltleinwand. Im Lager steht ein nagelneuer japanischer Lkw. Wie der Wagen in den wenigen Nachtstunden bis hierher gekommen ist, erscheint mir und uns allen unverständlich.

Das Frühstück in warmer Morgensonne bringt die nächste Überraschung: Ein Militärfahrzeug kommt aus westlicher Richtung und stoppt vor unseren Zelten. Ein junger Offizier springt aus dem Jeep und diskutiert wenige Minuten mit Chang, der mir daraufhin mitteilt, daß die Südroute zum Kailas nicht befahrbar ist. Frühestens in drei Wochen, zuviel Wasser und zuviel Schnee! Drei Wochen warten geht nicht, und die Nordroute bedeutet einen Umweg von fast 2000 km! Chang möchte am liebsten zurückfahren und schlägt ein ganz neues Tibetprogramm vor: Shigatse und Lhasa. Wir sind aber hierher gekommen, um den Kailas zu sehen! Der Offizier erklärt uns, daß es eine sehr schwere Route von Saga bis hinauf zur Nordroute gebe. Die Fahrer wollen aber nicht so recht, sie haben keine Karten und auch keine Ausrüstung. Dennoch starten wir, fahren zurück bis Saga und dann direkt nach Norden. Zunächst auf guter Straße, dann aber weiter auf einer nur schwer auszumachenden Piste, die immer wieder in nassen Schneelöchern zu enden scheint. Die Landcruiser klettern höher und höher. 5000 m zeigt der Höhenmesser. Die Landschaft wird wilder, farbiger, gewaltiger.

Plötzlich: Ich traue meinen Augen kaum. Vor einer blendenden Bergkulisse aus unzähligen namenlosen Schneegipfeln, ich schätze sie alle über 6000 m hoch, schießt ein kochender Geysir bis 30 m hoch in den tiefblauen Himmel. Welch ein Schauspiel! Sangya wirft sich voller Ehrfurcht auf die Erde und betet. Alle Sherpas sind verblüfft und unsicher. Heißes Wasser sprudelt hier aus der eisbedeckten Erde. Wir haben die Schwefelquellen von Memotschutsän erreicht. Gleich hinter dem seltsamen Wasserspektakel leuchtet türkisgrün und weißumrandet der durch Sven Hedin berühmt gewordene Salzsee Terinam Tso. Neben dem Geysir stehen braune und schwarze Nomadenzelte aus Yakhaar, aus denen uns Männer wie aus einem längst vergangenen Jahrhundert entgegenkommen. Sie lachen, reichen uns Buttertee, nehmen dankbar und glücklich Dalai Lama Fotos entgegen und lachen immer mehr. Hinter den dampfenden Quellen flattern bunte Gebetsfahnen in der stark nach Schwefel riechenden Luft. „Unbeschreiblich", ein oft gebrauchtes Wort, doch hier ist es angebracht: Die Farben sind unwirklich, der Geysir spuckt, faucht und leuchtet weiß vor dem dunkelblauen Himmel, die Nomaden lachen, die Wimpel flattern, die eisgepanzerten Berge hinter dem Türkissee scheinen das Bild von Außenwelt und Zivilisation endgültig abzugrenzen.
Ich wundere mich, daß Sven Hedin in seinem gewaltigen dreibändigen Werk ‚Transhimalaya' diesem unvergleichlich schönen Geysir, vermutlich dem höchstgelegenen der ganzen Welt, nur einen einzigen Satz widmet: „Auf der Nordseite (des 5490 m Djagond-Passes) passierten wir eine heiße Quelle Namens Memotschutsän, die im Quellauge eine Temperatur von plus 34,2 Grad hatte, während in einem zweiten das Wasser kochte und dampfte. Die Quellen sind von Verkalkungen, Terrassen und Bassins umgeben, in denen Kranke baden."
Sven Hedin hat sich nur kurz an diesen Quellen aufgehalten und war von dem türkisfarbenen See Terinam Tso wesentlich stärker beeindruckt. Er erkletterte eine 5173 m hohe Anhöhe unweit des Geysirs und schaute stundenlang auf den See: „Der Anblick, der sich von hier aus nach allen Seiten hin aufrollt, war eines der großartigsten, unvergeßlichsten Bilder, die ich in Tibet gesehen habe. Einem gewaltigen, flachgeschliffenen Türkis vergleichbar liegt der „Himmlische See" zwischen den ihn einfassenden Bergen und Hügeln und spielt in rosigen, roten, gelben und violetten Nuancen, die nach dem Horizont hin immer mehr in den hellblauen Schleiern der wachsenden Entfernung verschwimmen. Mehrere Gipfel und Dome mit ewigem Schnee steigen über diesem Meer verschiedenfarbiger Wellen auf, aber das allerschönste ist doch der See selbst, der den Beschauer durch seine intensiv marineblaue Farbe, die um einige Nuancen dunkler und kräftiger ist als die des Türkises, bezaubert und fesselt."
Diesen realistischen Beobachtungen fügt der im Grunde nüchterne und wissenschaftlich sachliche Sven Hedin plötzlich und unerwartet einen sehr poetischen Satz an: „Herrliches Wetter, auch nicht ein Wölkchen am blauen Himmelsgewölbe, ruhig und windstill, kaum ein Hauch flüstert über den Hügeln, in den Ohren klingt es wie Schellengeläute und Saitenspiel. Man fühlt sich überwältigt von dieser großartigen Schönheit, die das Herz mächtiger ergreift, als die Predigt eines Bischofs."

Ich habe auf meinen Tibetreisen schon viel Schönes und Großartiges gesehen. Am Mt. Everest habe ich geglaubt, das wahre Tibet eines Sven Hedin, eines Herbert Tichy und eines Lama Govindas gefunden zu haben. Stehen wir hier oben am Geysir am Tor zu einem ganz neuen Tibet? Kann es am Kailas noch eine Steigerung zum Terinam Tso geben? Ich spüre jetzt, daß nicht der Kailas allein unser Ziel ist, son-

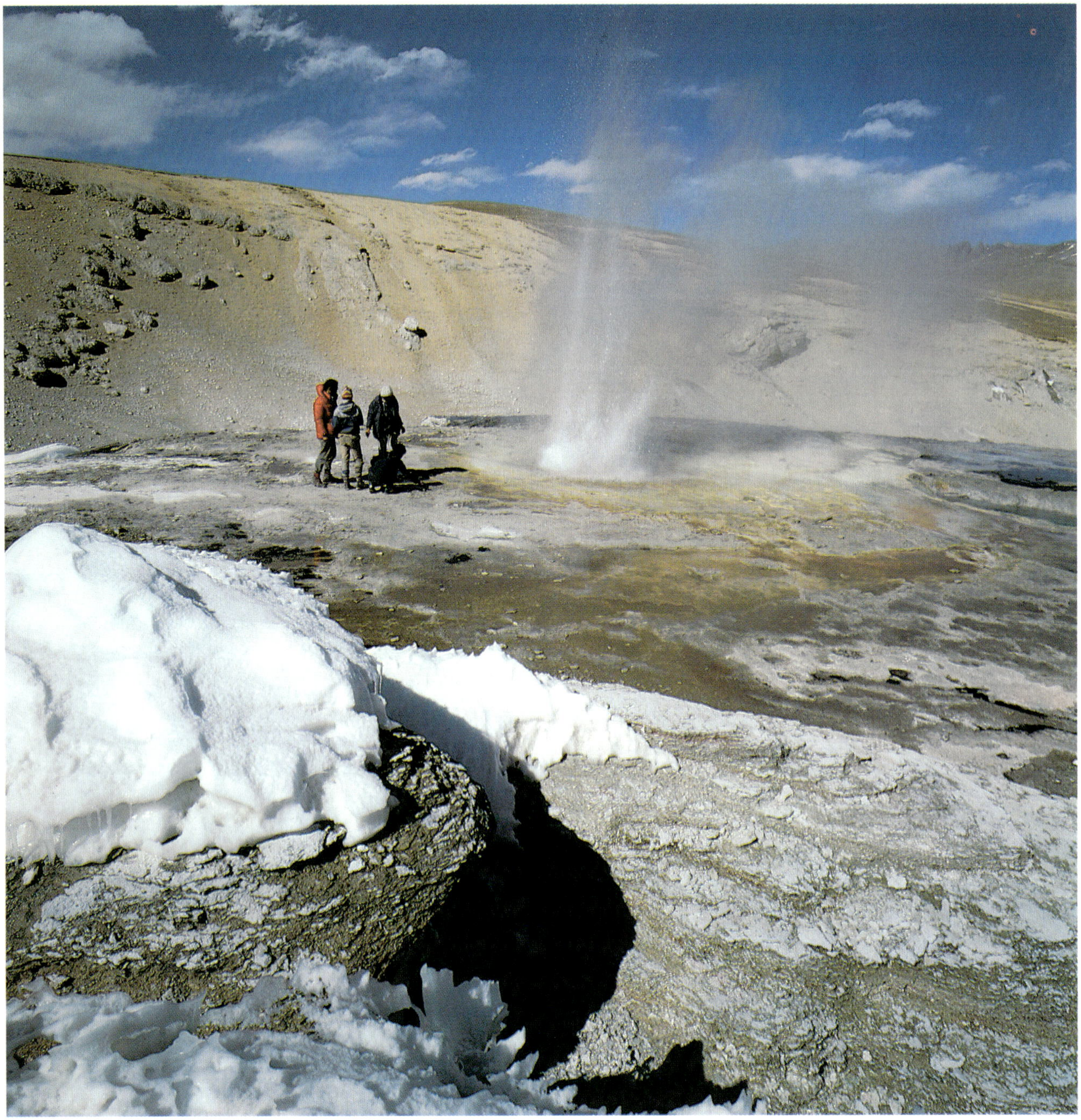

Memotschutsän, der höchstgelegene Geysir der Welt mitten im Transhimalaya. Auf 5000 m Höhe schießt hier heißes Wasser bis 30 m hoch in den tibetischen Himmel. Für unsere Sherpamannschaft (linke Seite) war das ein unglaubliches Phänomen und wir fingen an, unsere Wäsche im warmen Schwefelwasser zu waschen. Der Geysir von Memotschutsän ist das eigentliche Tor nach Westtibet.

dern Westtibet: es ist der Weg zum Kailas. Einen schöneren Weg als über den Transhimalaya kann ich mir auf unserer Erde nicht vorstellen. Dazu kommt das Wissen, daß wir hier wirklich auf Sven Hedins Spuren unterwegs sind und daß wir zu den ersten westlichen Menschen gehören, die dieses Naturwunder in seiner ganzen Größe, Farbenpracht und Unberührtheit erleben dürfen.

Hier im „Wilden Westen" Tibets lebt das Land weiter wie in alten Zeiten, so farbenprächtig und gewaltig, wie es Hedin und Govinda beschrieben haben. Die Nomaden lachen und singen noch. Der Buttertee schmeckt wie früher, die Farben leuchten hier im Transhimalaya unglaublich intensiv, so daß wir alle trunken werden von soviel Größe, Klarheit und Himmelsnähe.

Am Tor zu Westtibet erleben wir ein weiteres Wunder: Während die Tibeter aus Ehrfurcht vor der Natur und aus Glaubensgründen nie Tiere töteten, haben die Chinesen aus Hunger und Jagdlust in Tibet alles abgeschossen, was sich bewegt. Hier oben am See aber entdecken wir plötzlich unzählige Hasen, Gänse, Enten, Möven, Erdhörnchen und sogar Steinböcke und wilde Zebras. Hier haben Tibets Tiere überlebt.

Die Nomaden am Geysir leben dort wie auf einer Insel, denn das gesamte Seeufer ist menschenleer. Keine Zelte, keine weidenden Yaks, keine Schafsherden. So bewegen wir uns langsam durch Staub und Schlaglöcher wie auf einem fernen Stern, immer das tiefe Blau des Terinam Tso mit den weißen Salzrändern und den ewigen Schneefeldern der fernen Gipfel vor Augen. Je weiter wir nach Norden fahren, desto wilder und bunter werden die Berge. Rot, braun, grün und gelb leuchten sie in der Sonne. In meinen Gedanken tauchen Vergleiche zu den farbigsten Bergen Islands auf. Jetzt klettert unser Auto mühsam auf einen 5500 m hohen Paß. Auf einer harten Rüttelpiste entfernen wir uns immer mehr von den Schneebergen und dem Türkissee. Wir erreichen ein weites Plateau und stoßen in dieser „Mondlandschaft" wieder auf einsame Zelte. Ich stoppe. Da kommt ein Tibeter lachend aus dem Zelt und begrüßt mich mit herausgestreckter Zunge wie einen alten Freund, den er genau jetzt erwartet hat. Eine Tasse Buttertee für uns, ein Foto des Dalai Lama für ihn. Wie selbstverständlich holt der Tibeter ein kleines Bündel aus seinem Zelt und steigt zu uns in das Auto. Ohne lange Diskussion rücken wir zusammen und nehmen den lachenden Nomaden in unsere Mitte. Er möchte zu seinen Verwandten, die eine Tagesreise weiter im Nordwesten wohnen.

Der fremde Mann, er heißt Tamting Shitar, singt und schwatzt und erklärt uns, daß sich seit der Besetzung Tibets in seinem Leben kaum etwas verändert hat. Das betrifft vor allen Dingen seine materiellen Einkünfte durch Yaks und Schafe. Nur beten wurde ihm von den Chinesen verboten, aber sein Dalai Lama-Amulett hat er deshalb nie abgelegt. Nach seiner kurzen Erzählung singt Tamting Shitar ohne Pause ein Lied nach dem anderen, und wir freuen uns über seine hohe und klare Hirtenstimme ebenso wie über sein ständiges fröhliches und aufrichtiges Lachen.

Gegen Abend erreichen wir ein kleines Nomadenlager. Tamting hilft uns beim Ausladen unserer Lasten und beim Aufstellen der Zelte, als ob er diese Aufgaben seit Wochen regelmäßig ausführen würde. Bei der Arbeit singt er wieder seine Nomadenlieder, deren Text wir nicht verstehen. Aber am Klang sind Hirtenlieder in aller Welt erkennbar, ob in den Anden Südamerikas, in Griechenland, Schottland oder hier im Transhimalaya. Zwischen zwei Liedern erzählt Tamting rasch, daß er 48 Jahre alt ist, 11 Yaks und 200 Schafe besitzt und mit Frau und Kindern sehr glücklich ist. Schon folgt das nächste Lied.

Unser Weiterweg wird sehr sandig. Eine Karawane aus lastentragenden Schafen kreuzt unsere Route. Die Tiere tragen Salz und Tsampa, also Gerstenmehl. Eine Frau und zwei bewaffnete Männer begleiten die schwer schleppenden Tiere. Tamting singt wieder und erzählt zwischendurch bruchstückweise von seinem glücklichen Leben. Er kann seine Schafswolle der chinesischen Regierung verkaufen oder privat damit handeln. Die große Politik von Lhasa schert ihn ebensowenig wie religiöse Verbote. Dann erreichen wir ein neues kleines Lager. Tamting ist am Ziel, verläßt uns, bedankt sich lachend und fröhlich und winkt uns in das schwarze Yakhaarzelt seiner Verwandten. Im Zelt das übliche Bild; in der Mitte die

Unser Nomadenfreund Tamtin Shitar mit dem typisch tibetischen Ohrring und einem Dalai-Lama-Bild am Hals hat uns zwei Tage lang im Auto begleitet und uns mit seinen Hirtenliedern erfreut. Streckt ein Tibeter seinem Gast die Zunge heraus, dann erweist er ihm allerhöchsten Respekt. Mit dieser Geste möchte er zeigen, daß er selber nichts Böses im Munde führt.

Typische Yakhaarzelte in Westtibet. Die Zelte schützen sehr gut gegen Wind und Kälte, sind im Innern aber total verräuchert. Ich konnte einmal bei einer Karawanenrast beobachten, wie die Nomaden ein solches Zelt in fünfzehn Minuten aufbauten, zehn Minuten später kochte bereits eine gute Fleischsuppe im Zelt über dem blitzschnell entfachten Feuer.

Das Bild auf der folgenden Doppelseite zeigt ein tibetisches Nomadenlager an den Nordhängen des Cho Oyu in 5000 m Höhe. Für die Nomaden in den Hochtälern Tibets hat sich seit Jahrhunderten nur wenig verändert. Fast ewiger Schnee, eiskalter Wind und karges Weideland gehören zu ihrem Alltag. Ich fand dieses für mich besonders eindrucksvolle Motiv auf einer Wanderung zum Mt. Everest.

Das Zeltinnere ist – abgesehen von dem ständigen Rauch – warm und windgeschützt. Der Hausrat ist einfach und praktisch: eine Teekanne, wenige Töpfe, Tassen und Schalen, Säcke mit Vorräten, Wollteppiche für das Nachtlager und ein kleiner Zeltaltar – hier verdeckt durch den Kopf des Mannes.

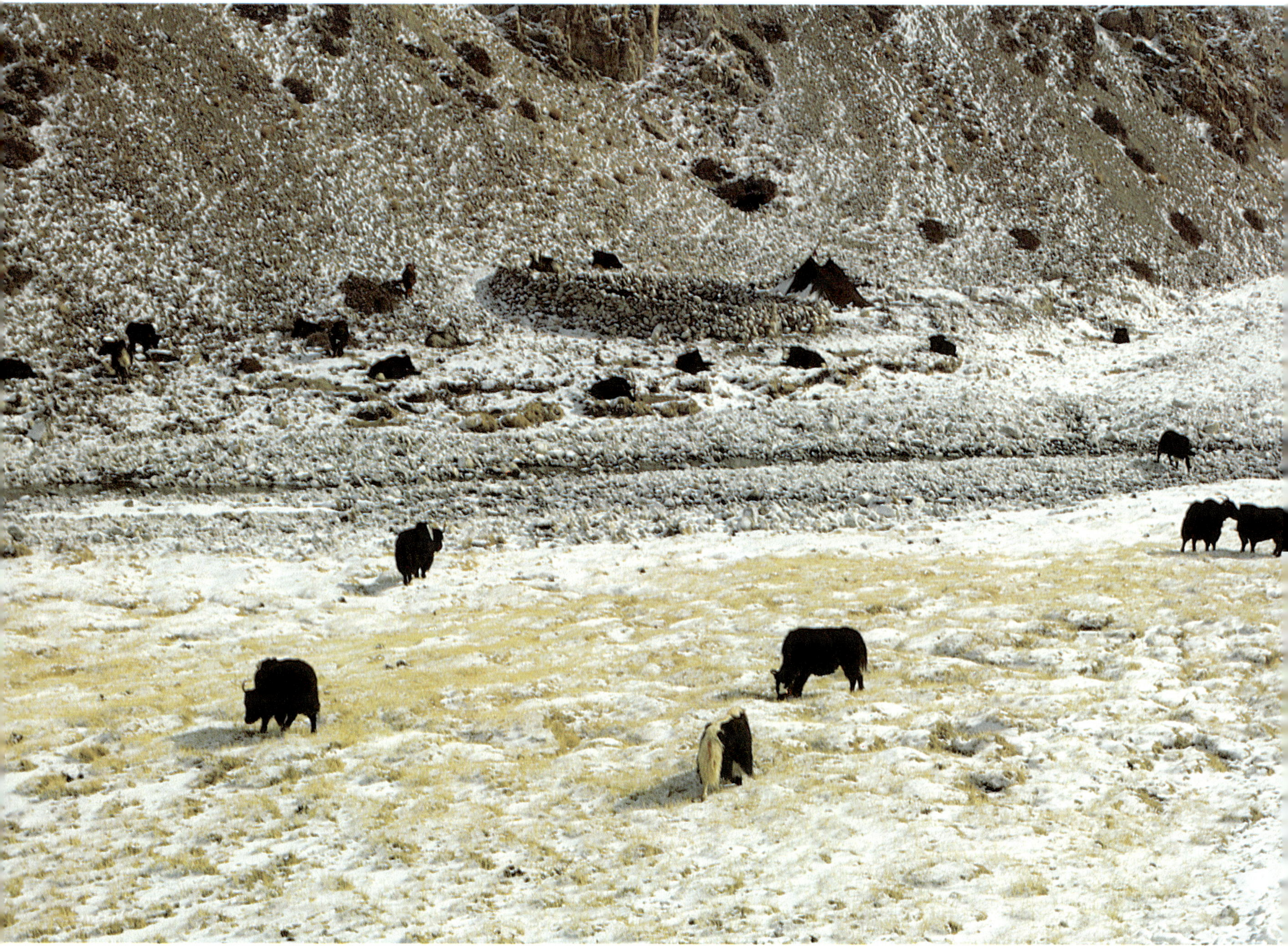

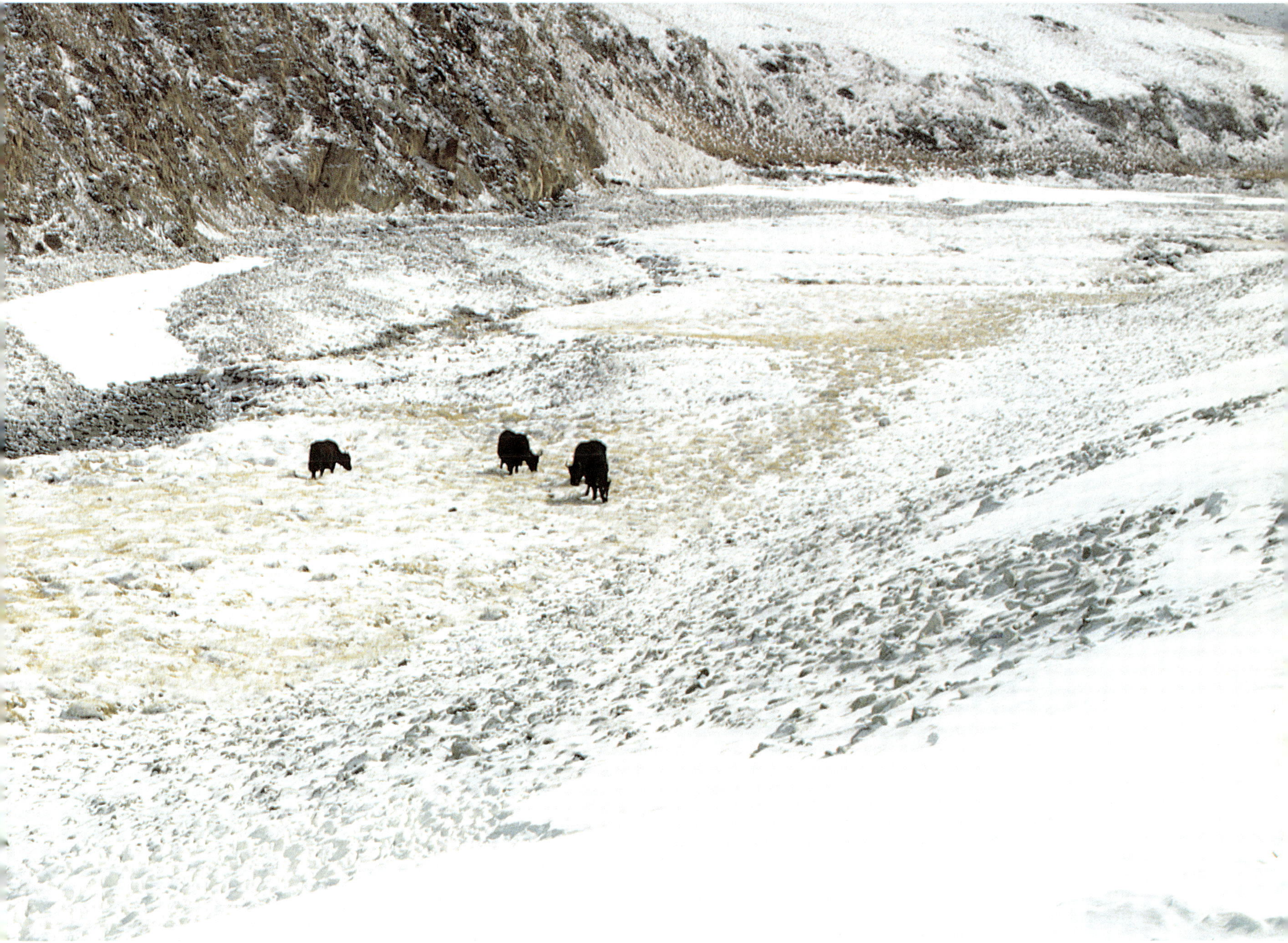

Feuerstelle, die mit dem getrockneten Dung der Yaks geheizt wird. In einem Kessel kocht Tee. Ein Butterstampfer, Säcke mit Vorräten, einige Schalen und Becher und natürlich ein kleiner Altar mit Göttern und Heiligenbildern. Wir verschönern ihn mit einem Dalai-Lama-Foto, trinken Buttertee, lachen wie die Tibeter und setzten unsere Reise zum heiligen Berg fort – ohne unseren singenden Freund. „Vergeßt nicht, mich auf dem Rückweg zu besuchen, ich werden den besten Buttertee kochen und süße Kuchen für euch backen," ruft uns Tamting Shitar lachend nach.

Bei Gaitse stoßen wir auf die Nordroute zum Kailas. Gaitse, das ist eine chinesische Garnison, ein Nomadenmarkt und eine Karawanserei. Auf dem Markt finden wir kaum Lebensmittel, dafür aber Neujahrsknaller aus Peking und sogar aus Indien hereingeschmuggelte Dalai-Lama-Reden auf Kassetten. In Lhasa wäre so etwas undenkbar. Ein Toyota hat ein Leck im Tank und wird von den Chinesen in der Kaserne geschweißt. Nur 20 km hinter Gaitse bricht unser Lkw zum ersten Mal durch die Eisdecke eines Flusses. Langes Warten auf Hilfe, ehe ein entgegenkommender Truck unser schweres Fahrzeug aus dem Wasser ziehen kann, zurück auf die Eisdecke. Während wir den Lastwagen bergen, geht Chang auf die Jagd. Mit drei geschossenen Antilopen kommt er zurück in unser Lager.
Trotz Höhe und Kälte liebe ich die Abende im Lager. Am Horizont türmen sich schwarze Wolken auf, und die Abendsonne strahlt hart und grell auf die Schafsherden, die in ihre Pferche getrieben werden. Da klingen Glöckchen im Wind, Fetzen eines Hirtenliedes werden herübergeweht. Lachen ist zu hören. Sobald die Sonne aber hinter die Berge sinkt, verlöschen die strahlenden Farben des Landes, alle Geräusche verstummen. Menschen und Tiere suchen die Wärme des Feuers und des Lagers. Nachts kommt Wind auf, dann fällt Schnee auf unsere Zelte, und bei Sonnenaufgang finden wir uns in einer blendend weißen Welt wieder.
So vergehen die Tage. Meile um Meile kriechen unsere Autos weiter nach Westen durch ein großartiges Land. Stundenlang fahren wir durch Wüsten, dann wieder ein kleiner, meist vereister Flußlauf und schon beginnt das Leben: Da meckern Ziegen, da schaut ein Yak verwundert auf uns Fremde, da fliegen Tauben, Enten und Gänse erschreckt aus dem Gebüsch. Dann rollen unsere Wagen wieder hinauf auf einen Paß und hinein in eine leblose Welt aus Fels, Sand, Eis und Schnee. Flatternde Gebetsfahnen in den fünf heiligen Farben des Buddhismus zeigen an, daß es erneut hinunter geht.

Im kleinen Provinzstädtchen Shiquanhe verläßt unsere Autokarawane schließlich die große Route nach Westen, die von hier aus noch einige tausend Kilometer nach Norden bis nach Kashgar und weiter zur chinesisch-russischen Grenze führt. Wir folgen jetzt einem Weg nach Süden. Sandwüsten, kleine tibetische Dörfer, atemberaubende Flußdurchquerungen! Und Berge! Unglaublich hohe, mit ewigem Schnee bedeckte Berge tauchen am südlichen Horizont auf. Das ist bereits wieder der indische Himalaya mit so stolzen Namen wie Nanda Devi, Kamet und Trisul. Stundenlang fahren wir über eine Hochebene, immer knapp unter 5000 m, und überblicken in der unglaublich klaren Luft viele hundert Kilometer Himalaya von Dolpo in Nepal über die Siebentausender Indiens bis zu den Achttausendern des Karakorum Nanga Parbat, Broad Peak, Gasherbrum und K2. Nie vorher im Leben sah ich ein so gewaltiges und eindrucksvolles Bergpanorama. Erst bei Sonnenuntergang tauchen wir auf atemberaubenden Serpentinen hinunter in das Tal des Sutlej, in dem die entlegene Klosterstadt Tsaparang liegt.

Plötzlich ist der weite Horizont verschwunden, die Formen, Farben und Gebilde um uns herum erinnern an den Grand Canyon, an Bryce und Monument Valley. Diese einzigartige Canyonlandschaft vermittelt uns hier bei Tsaparang ein ganz neues Tibetbild. In Jahrmillionen ist sie durch Erosion entstanden. Die Erosion erfolgt hier aber nicht durch Schnee- und Regenfälle, sondern vielmehr durch die ungeheuren Temperaturunterschiede zwischen Tag und Nacht; da werden die härtesten Felsen gesprengt, bis sie irgendwann einmal zu Sand zerfallen. Wir sind jetzt in reinen Wüstentälern unterwegs, kein Baum, kein Strauch, kein Grashalm. Und doch wissen wir, daß hier vor tausend Jahren Menschen

Das tibetische Grenzdorf Burang im Süden des Manasarovar auf 4500 m Höhe. Die Berge im Süden zeigen den nepalisch-indischen Himalaya.

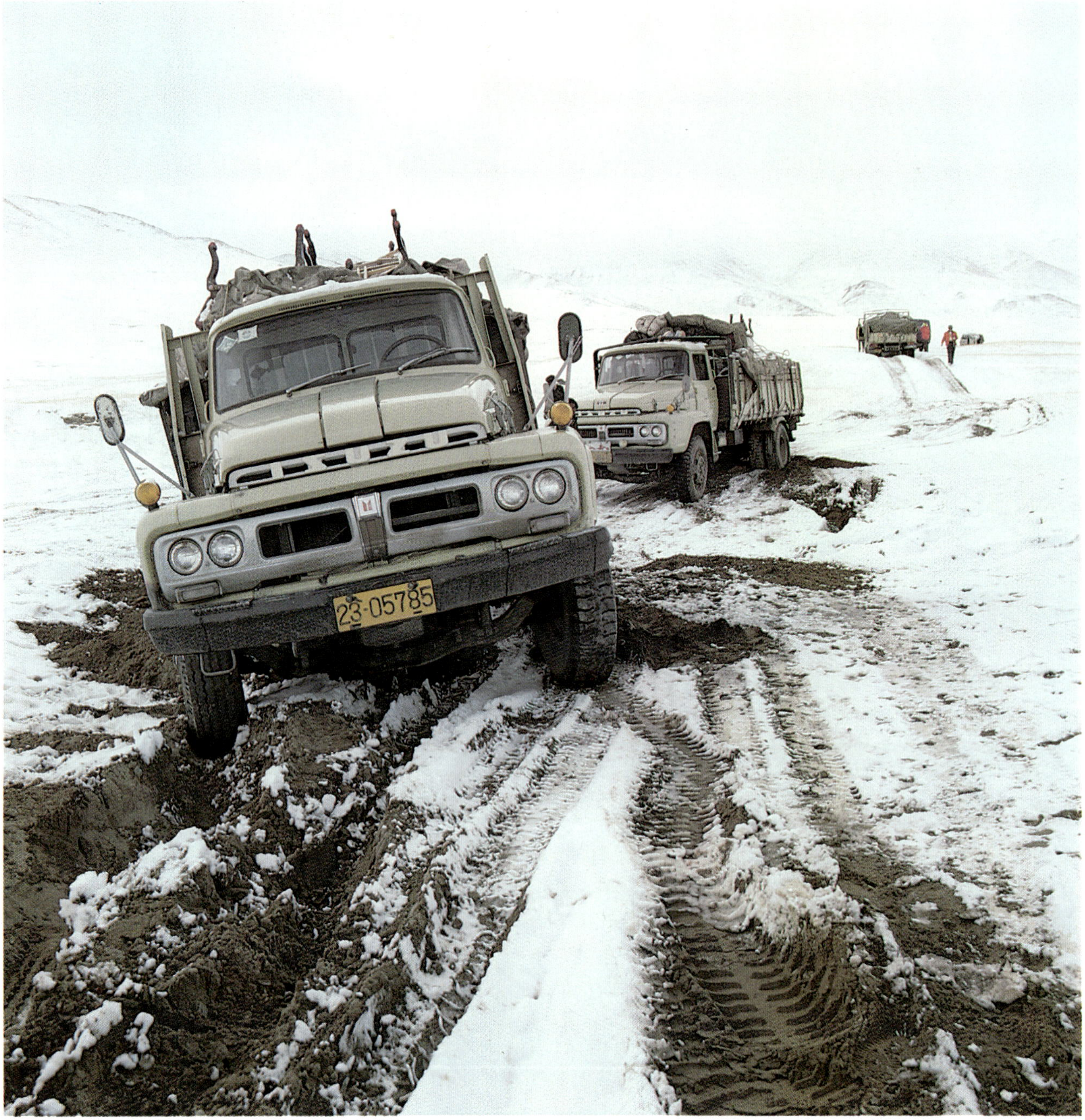
23-05785

In Tibet gibt es keine Autobahnen und was in Karten als Straßen eingezeichnet ist, entpuppt sich in Wahrheit als abenteuerliche Pisten, die ohne Brücken über vereiste Flüsse und durch Hochgebirgswüsten führen. Die beiden Bilder zeigen typische Szenen auf der Nordroute durch Westtibet. Taut der Untergrund im Sommer für wenige Wochen auf, dann sind die Straßen nur unter größten Schwierigkeiten zu passieren.

und Tiere in großer Zahl lebten. Wir sind im ehemaligen blühenden Königreich Guge, dessen Hauptstadt Tsaparang war. Aber das Wasser ging zurück, die Erosion wurde stärker und besiegte bald alles Leben in diesem Königreich. Die Menschen zogen fort und ließen ihre Städte und Klöster allein zurück. Wie aus dem nackten Fels gehauen klebt Tsaparang hoch über uns an den steilen Berghängen. Das ehemals fruchtbare Sutlejtal war viel zu kostbar, um in ihm Häuser zu bauen. Deshalb sind die Menschen auf die Felsen ausgewichen.

Wir wissen von Sven Hedin und vor allem von Lama Govinda, daß sich in Tsaparang großartige Schätze tibetischer Kunst befinden; Bronzen und vor allem Wandmalereien, die zu den allerschönsten in ganz Tibet gehören. Kaum ein Ort in Tibet ist so entlegen wie Tsaparang, und nur wenige Fremde sind je hierher gekommen. Vor der chinesischen Invasion waren es Sven Hedin, der italienische Tibetforscher Giuseppe Tucci, Lama Govinda, Peter Aufschnaiter und Heinrich Harrer und vielleicht ein Dutzend weitere Forscher, Pilger und Missionare. Nach 1950 waren es noch weniger Fremde, die diesen Ort besuchen konnten.

Im 10. und 11. Jahrhundert lagen hier die geistigen Zentren der buddhistischen Welt. Aber durch die Abgeschiedenheit drang nur wenig Information in die Außenwelt. Giuseppe Tucci konnte Anfang der dreißiger Jahre erste Schwarzweiß-Bilder von den Kunstschätzen Tsaparangs aufnehmen und später publizieren. Govinda und seine Frau Li Gotami gelang es dann im Herbst 1948 unter großen Schwierigkeiten, die Kunstwerke von Tsaparang zu kopieren: „Um unsere erstarrten Hände wieder aufzutauen, legten wir sie an die eisernen Beschläge der Tempeltüren, welche die Sonnenwärme in wundersamer Weise absorbierten und verstärkten. Li mußte die Flasche mit der chinesischen Tusche im Innern ihres Gewandes durch Körperwärme am Erfrieren hindern, und alle paar Augenblicke mußte sie den Pinsel mit ihrem Atem auftauen, da die Tusche nach wenigen Strichen zu erstarren begann. Dies war besonders unerfreulich während der letzten Tage unseres Aufenthaltes in Tsaparang und ich erinnere mich, daß einmal, als sie in Tränen ausbrach, im Kampf mit dieser extremen Kälte, ihre Tränen zu Eis erstarrten, ehe sie den Boden erreichten und dort als kleine Eiskügelchen abprallten!"

Nun haben uns die Chinesen zwar erlaubt, nach Tsaparang zu fahren, aber Peking gibt westlichen Reisenden keine Fotogenehmigung der Kunstschätze, da diese bis auf wenige Schwarzweißbilder nie vorher publiziert wurden. Das möchten sich die Chinesen vermutlich vorbehalten. Chang ist heute nicht bei uns, er geht in Toling eigenen Geschäften nach. Wenige Meter unterhalb von Tsaparang wohnt ein Tibeter mit dem Schlüssel zur Klosterstadt. Wir nehmen ihn in unseren Toyota und fahren die letzten Meter hinauf. Ich drücke dem Mann gleich ein Dutzend verschiedene Dalai-Lama-Fotos in die Hand und frage: „Darf ich meine Kamera mitnehmen und drinnen fotografieren?" Der Tibeter schaut sich um, unsere chinesischen Fahrer verstehen kein Wort und interessieren sich nicht im geringsten für das, was hier vor sich geht. „Nimm die Kamera mit, fotografiere, was du willst!" Bei dieser Antwort stockt mir fast der Atem – ich weiß in diesem Moment, daß ich der erste Farbfotograf überhaupt in Tsaparang sein werde. Habe ich wirklich richtig gehört? Der Tibeter mit dem Schlüssel lacht mir ins Gesicht, dann schaut er wieder ehrfurchtsvoll auf die Dalai-Lama-Bilder in seiner Hand.

In fünf Tempelhallen erleben wir jetzt ein richtiges Wunder. Im kleinen Gelehrtentempelchen schaut uns Buddha Shakyamuni ebenso an wie der tibetische Reformator Tsongkapa. Rechts daneben der indische Gelehrte Atisha – alles in schönstem Gold gemalt. Ich muß rasch arbeiten – irgendwann kann Chang auftauchen oder andere Chinesen. Ich setze meine Kamera so hoch wie möglich auf mein Stativ, um perspektivische Verzeichnungen so weit wie möglich zu verhindern und belichte Film um Film. Meine Frau assistiert und wechselt mir die Filme in den Kassetten. Von der extremen Kälte in den dunklen Hallen, wie sie Govinda beschrieben hat, merken wir nichts. Unsere Aufregung ist viel zu groß.

Nur 50 Schritte weiter und höher liegt die größte Halle, der Weiße Tempel. Zu beiden Seiten der Eingangstür stehen in drohender Gebärde ein schwarzer und ein roter Torwächter. Die Figuren sind vier

Der Burg- und Klosterberg von Tsaparang im Sutley-Tal, in früheren Jahrhunderten eines der geistigen Zentren der buddhistischen Welt, heute abgelegen und unzugänglich.

bis fünf Meter hoch, und ihre Leiber sind aufgerissen, so daß Stroh aus ihnen quillt wie Gedärm. Die roten Garden haben hier nach Gold gesucht. Aber an Macht und Ausstrahlung haben die Figuren kaum eingebüßt. Hier stehen wir in der größten Versammlungshalle von Tsaparang mit unglaublich feinen Wandbildern und goldenen lebens- und überlebensgroßen Figuren, die teilweise zerschossen und verletzt sind.

Noch höher am Berg liegt der Rote Tempel, er ist älter als der Weiße unter uns. Die Welt des Buddhismus leuchtet hier in Gelb und Rot, in Blau und Gold. Tucci und Govinda fanden hier ebenfalls vergoldete Bronzefiguren vor. Heute stehen da nur noch Konsolen mit Figurenresten.

Schließlich steigen wir mit Kamera, Stativ und Blitzlicht hinauf zum Tempel der Schutzgötter mit all seinen erotisch anmutenden Vereinigungsbildern und dann weiter bis zum Tsaparanggipfel mit dem kleinen Mandalatempel, der als größtes Heiligtum der Königsstadt galt.

Ich möchte auf die einzelnen Tempel und Bilder an dieser Stelle nicht ausführlicher eingehen, weil ich zusammen mit meinem Reisegefährten Jürgen Aschoff der Klosterstadt Tsaparang mit ihren einzigartigen Kunstschätzen ein eigenes Buch gewidmet habe. Dieses Buch, „Tsaparang – Tibets großes Geheimnis", beschreibt auch die dramatische Geschichte des historisch so bedeutsamen Ortes und dokumentiert seine Bildwerke erstmals in Farbfotos.

Neben dem Eingang zum Klosterberg entdecken wir in einer Höhle einen großen Aschenhaufen, aus dem ich Reste von Manuskripten bergen kann. Hier wurde vermutlich die gesamte Klosterbibliothek von Tsaparang verbrannt. Die Manuskriptblätter sind von Hand mit Goldschrift gemalt und sehr alt. Darauf weisen gemalte Kreise mit Lochungen hin. Später erst hat man tibetische Manuskripte nicht mehr gelocht, sondern mit Holzdeckeln versehen und in Seide eingepackt. Es gelingt uns, einige fast unverbrannte Manuskriptseiten aus der Asche zu ziehen und gut versteckt aus Tibet herauszuschmuggeln. (Die Seiten konnte ich später dem Dalai Lama persönlich übergeben, sie befinden sich heute im tibetischen Museum in Dharamsala).

Die chinesischen Fahrer sind zurück nach Toling gefahren. Sie werden uns am Abend wieder abholen. So stehen wir in der späten Nachmittagssonne alleine vor der etwa 100 m hohen Pyramide des eigenartigen Tempelberges und finden doch noch Zeit zum Schauen. Kein Geräusch dringt aus der Stadt, nur der Wind streicht durch das Sutlejtal. Der Wind bläst Sand in unsere Gesichter. Sand und Wind haben auch Tsaparang zerstört. Wind und Sand werden Tsaparang auch weiter zerstören und irgendwann den Bergen gleichmachen. Dann wird es nur noch die Legenden von den goldenen Göttern und Bildern geben.

200 km von Tsaparang entfernt – wir haben längst wieder das windige und kalte Hochplateau erreicht – treffen wir auf ein schwarzes Nomadenzelt mit der roten kommunistischen Fahne davor. Mit Sangya gehe ich auf das Zelt zu, aus dem eine alte Frau tritt und uns mit gefalteten Händen begrüßt. In diesem Moment reißen die grauen Nachmittagswolken auseinander und eine weiße Bergspitze wird für wenige Minuten sichtbar.

„Der Kailas?"

Die Tibeterin nickt: „Ja, der heilige Berg!"

Sangya verneigt sich tief und hebt die Hände ehrfurchtsvoll hoch über den Kopf. Dann ziehen die Wolken wieder zusammen.

Unsere Autos sind nun auf dem Weg über die grüngelbe Ebene zwischen Kailas und Manasarovar. Welch liebliches Hochtal! Überall Zelte und weidende Yaks, Karawanen ziehen kreuz und quer durch das Land. Links, also im Norden, überragt der ewige Schnee der Kailaspyramide die völlig vegetationslosen Vorberge. Rechts, im Süden, strahlt der Eispanzer der Gurla Mandata unter dem wolkenlosen Himmel, und vor uns leuchtet das Ufer des heiligen Manasarovar dunkelblau herüber. Wir sind am Ziel!

„Wer kann die Unendlichkeit dieses Raumes in Worte fassen? Wer kann eine Landschaft, welche die Unendlichkeit verkörpert und atmet, beschreiben? Große blaue Seen, von smaragdgrünem Weideland und goldenen Hügeln umgeben, erscheinen gegen eine ferne Kette von Schneebergen, in deren Mitte der blendend weiße Dom des Kailas, des Schneejuwels, wie die Tibeter den heiligen Berg nennen, auf-

Eine der beiden besterhaltenen von 6 lebensgroßen Statuen an der linken Seitenwand im Weißen Tempel des Klosterbergs Tsaparang, ein dreigesichtiger Buddha Vairocana.

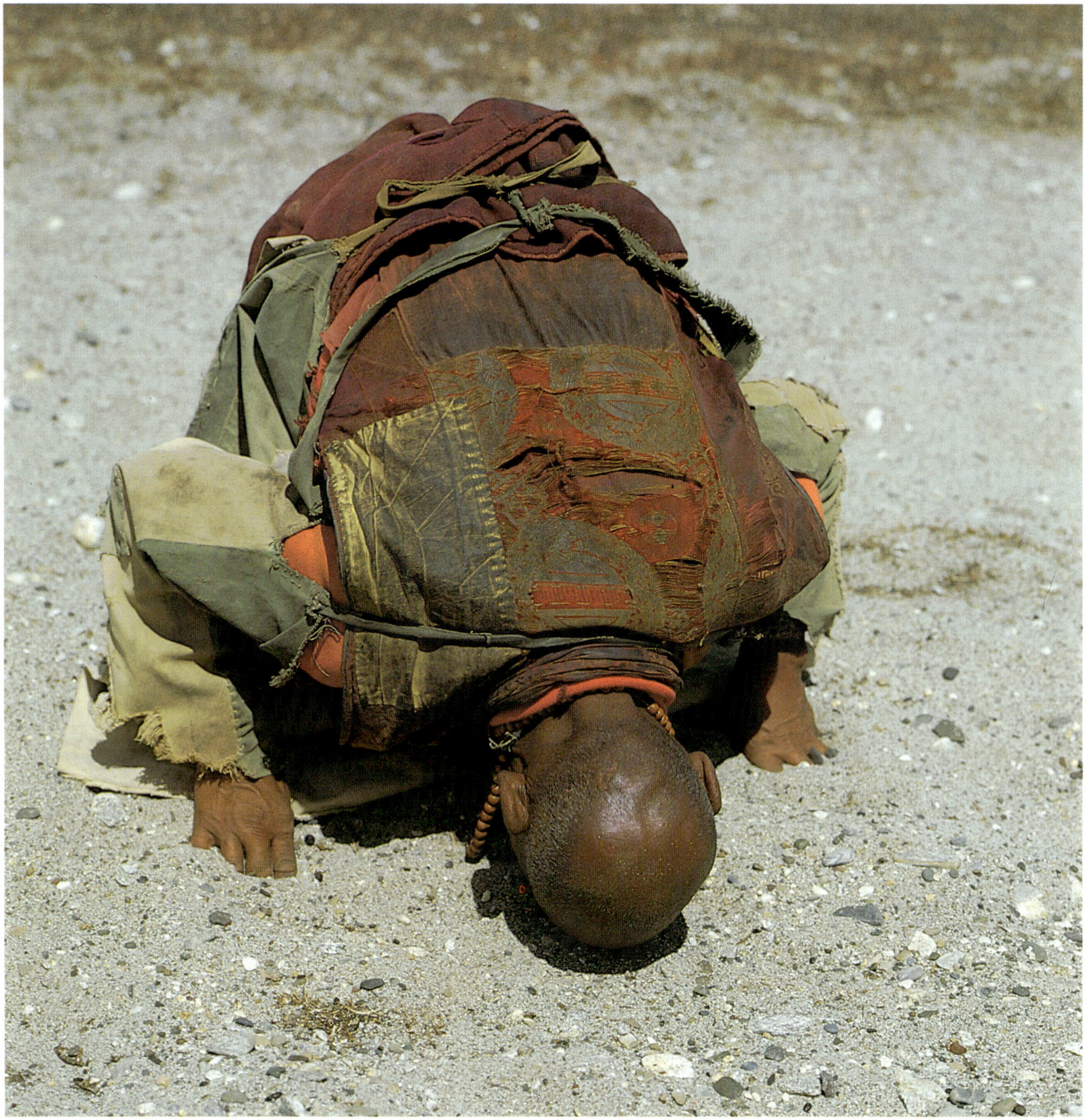

Mönche am Ufer des heiligen Manasarovarsees, die sich zur verehrungsvollen Prostration niedergeworfen haben. Auf dem Bild links verneigt sich der Mönch am Seeufer vor dem Kailas.

83

ragt. Die Luft ist so klar, daß das Auge über mehr als 100 Meilen schweifen kann und daß jede Form und jede Farbe in voller Deutlichkeit und Klarheit erscheint, als ob das Auge mit der Wahrnehmungsfähigkeit ultraroter Strahlen ausgestattet wäre. Es ist zweifellos eines der erhebendsten Anblicke, der einem Sterblichen zuteil werden kann, und er erfüllt den Pilger mit Ehrfurcht und Staunen, so daß er sich fragt, ob das, was er sieht, noch zu dieser Welt gehöre oder der Widerschein einer höheren Sphäre sei." So beschreibt Lama Govinda dieses Land auf dem Dach der Welt.

Am Seeufer kommen uns ganze Scharen von Pilgern entgegen, zerlumpt mit langen Wanderstöcken, aber glücklich lachend. Trotz ihrer schweren Lasten gehen sie sehr schnell. Auch Kinder sind dabei. Nach einer kurzen Mittagspause, in der sie Tsampa essen, eilen sie weiter zum heiligen Berg. Wir aber bauen unsere Zelte direkt am Seeufer auf. Nur wenige Schritte vom Lager entfernt erkenne ich einen Mönch, der den See umrundet, sich dabei immer wieder niederwirft. Das ist schon der Höhe wegen eine unglaubliche Leistung! Der Mann, ich schätze ihn auf 50 Jahre, trägt eine alte Mönchskutte und Holzhandschuhe. Er hebt die Arme hoch zum Gebet, schaut einen Moment zum Kailas und wirft sich dann der Länge nach auf den harten Kies des Seeufers. Mit den Fingerspitzen zieht er eine kleine Linie, steht auf und geht bis an diese Linie heran. Jetzt reißt er erneut die Arme hoch und wirft sich nieder. Eine gute Stunde beobachte ich den Mönch bei dieser kultischen Handlung des Sich-Niederwerfens, der Prostration. Es ist schon später Nachmittag und der Kailas wird von den ersten Abendwolken verdeckt, da steht der Mönch auf, baut eine kleine Steinpyramide an dem erreichten Punkt und geht fort, um seine Prostration morgen fortzusetzen. Erst jetzt wage ich ihn anzusprechen, grüße und reiche ihm ein Dalai Lama Bild. Ohne meinen Gruß zu erwidern beginnt er, das Foto seines Gottkönigs laut anzubeten. Er kniet vor ihm nieder, berührt es mit der Stirn. Deutlich schallt sein Gebet wie Singsang über das klare, heilige Wasser des Manasarovar. Nach diesem Gebet bedankt sich der Mönch lachend für das für ihn so wertvolle Geschenk: „Du mußt sehr glücklich sein, wenn du den Dalai Lama selber kennst, wenn du ihn gesehen und fotografiert hast!"

„Ich bin glücklich, daß ich hier sein darf, am heiligen See und am heiligen Berg. Ich werde alles fotografieren und Seiner Heiligkeit die Bilder schicken. Ich werde ihm erzählen, daß die Chinesen eure Religion nicht zerstören konnten und daß ihr weiter an eure Götter und an den Dalai Lama glaubt."

Nach einer kurzen Pause fügte ich hinzu: „Beten und sich niederwerfen, das ist hart bei diesem kalten Wind und in dieser Höhe, komm in mein Zelt, dort wartet heißer Tee!"

Der fremde Mönch nimmt die Einladung gerne an und folgt mir in unser großes Messezelt. Er genießt unseren heißen Tee und greift freudig nach Gebäck, das Ang Tsering hereinreicht. Seine Erzählung kommt nur stockend, bruchstückweise. Der Mönch lebt hier in der Nähe des Kailas als Einsiedler in einer Höhle und ist zufrieden, daß er wieder seine Prostration machen darf. Das war nicht immer so: „Als die Chinesen kamen, warfen sie mich dreizehn Jahre lang in ein Gefängnis."

„Warum, was hast du den Chinesen getan?"

„Nichts habe ich den Chinesen getan, aber beten war verboten und Mönch sein genügte, um in ein Gefängnis gesteckt zu werden!"

„Und was hast du im Gefängnis getan?"

„Ich habe weiter gebetet und versucht zu meditieren. Aber die Chinesen wurden sehr böse und haben mir meine Beine mit Aluminiumschienen bandagiert, so daß ich nicht mehr niederknien konnte. Als ich es dennoch versuchte, haben sie mir in den Kniekehlen die Sehnen zerschnitten. Dreizehn Jahre lang konnte ich die Beine nicht mehr winkeln. Hier seht ihr noch die Narben!"

Der Mönch hebt seine Kutte hoch und zeigt uns zwei völlig vernarbte Kniekehlen, dann fährt er fort: „Nach 13 Jahren haben mir die Chinesen das Aluminium endlich abgenommen und mich freigelassen. Ich habe langsam wieder gelernt zu knien. Als es immer besser ging, bin ich zum Kailas gepilgert. Hier lebe ich in einer Höhle und warte, bis der Dalai Lama wieder heimkommt. Dann wird in unserem Land endlich wieder alles besser werden. Der Dalai Lama sagt, wir sollen die Chinesen nicht hassen, aber das ist sehr sehr schwer!" Der Mönch trinkt schweigend Tee, auch wir reden nicht. Nur der Wind knattert ohne Pause in der Zeltleinwand. „Das also ist Tibet 40 Jahre nach der Befreiung", geht es mir durch den Kopf. Aber ich spreche es nicht aus.

Wir gehen in der Abenddämmerung zum See und tauchen für eine knappe Minute in das eiskalte Wasser. Die Temperatur messen wir mit 11 Grad. Nur Enten und Gänse schauen uns beim Baden zu. Das kalte Wasser bringt das Blut rasch zum Zirkulieren, uns wird schnell wieder warm, wir laufen zum Zelt zurück und ich vertiefe mich an diesem Abend in einige Seiten aus Sven Hedins ‚Transhimalaya':

„Schon die erste Aussicht, die ich jetzt von den Uferhügeln hatte, ließ mich vor Freude über die wunderbare, großartige Landschaft und ihre überwältigende Schönheit in Tränen ausbrechen. Der eirunde See, der im Süden ein wenig schmäler ist als im Norden, liegt wie ein ungeheurer Türkis in der Einfassung zweier der herrlichsten, berühmtesten Bergriesen der Erde, des Kailas im Norden und des Gurla Mandata im Süden, zwischen den gewaltigen Ketten, über denen die beiden Berge ihre Scheitel von blendend weißem, ewigem Schnee erheben. Ja, schon jetzt empfand ich den starken Zauberbann, der mich an die Ufer des Manasarovar fesselte und wußte, daß ich sie nicht eher gutwillig verlassen würde, als bis ich mich an dem Rauschen der Wellen müde gelauscht hätte!"

Während einer Bootsfahrt über den heiligen See, bei der Sven Hedin die Wassertiefe auslotete, bemerkte er weiter: „Es war, als ob diese Landschaft, die sich während des langsamen Verstreichens der Stunden verwandelte, nicht der Erde angehöre, sondern den äußersten Grenzen des unerreichbaren Weltenraumes; als liege sie dem Himmel, dem dunklen Märchenland der Träume und Fantasie, der Hoffnung und der Sehnsucht viel näher als der Erde mit all ihren Menschen, ihren Sorgen, ihren Sünden und ihrer Eitelkeit. Der Mond beschrieb seinen Bogen, sein unruhiges Spiegelbild zitterte auf der Flut und wurde von den Bootswellen zerstört."

Die Gipfelhänge der eisigen Gurla Mandata brennen und glühen in der Morgensonne, ein Schauspiel wie es gewaltiger und farbiger im gesamten Himalaya nicht zu erleben ist! Stunden später bauen wir unsere Zelte in Tarchen auf, dem kleinen Pilgerort direkt am Fuß des Kailas. Tarchen ist eine Welt für sich; überall heilige Manisteine, betende Pilger, rauchende Zelte, schnaubende Pferde, grunzende Yaks, meckernde Ziegen und blökende Schafe. Glöckchen bimmeln, Weihrauchschwaden ziehen zum Himmel, Lagerfeuer leuchten in die sternenklare Nacht.

Kurz nach Mitternacht breche ich mit der Stirnlampe auf und durchsteige einen Wasserfall. Dann geht es mit meinem schweren Fotorucksack über Geröllhalden, an Manisteinen und Klosterruinen vorbei, stundenlang aufwärts. Im ersten fahlen Morgenlicht baut sich die Silhouette des Kailas vor mir auf, groß, mächtig, fast furchterregend. Das Sternenlicht wird blasser, und über die östlichen Hänge des heiligen Bergs legt sich ein goldener Glanz. Der Kailas scheint zu dampfen.

Hier oben ist kein Vogel mehr zu hören, kein Lebewesen, kein Geräusch. Nicht einmal der Wind heult an diesem kalten Morgen. Durch stundenlanges gleichmäßiges Steigen ist mir warm geworden. Wenn die Morgensonne kommt, werde ich meine Daunenjacke ausziehen können. Aber das wird noch eine gute Stunde dauern.

Jetzt glühen schon wieder die Spitzen von Gurla Mandata. Die heiligen Seen liegen dagegen kalt und schwarz tief unter mir, und die Umrisse des heiligen Berges werden immer schärfer. Kleine Wölkchen beginnen an seinen eisigen Hängen zu spielen. Und dann liegt Morgensonne auf dem Schneejuwel, es blitzt, leuchtet, funkelt. Ich bin alleine hier oben – auf Rufweite mit dem heiligen Berg. Kein Ort der Welt kann schöner sein, erhabener, heiliger. Bin ich im Mittelpunkt der Welt – oder an ihrem äußersten Ende? Viele Gedankenfetzen gehen mir durch den Kopf: „Eine Religion ist gut und richtig, wenn sie den Menschen mehr Freiheit und mehr Humanität bringt!" In Tibet ist aber beides verlorengegangen. Den Tibetern hat man ihr so großartiges Land mit Waffengewalt genommen, und die freien Menschen im Westen hören ihren Hilferuf nicht – weil er unbequem ist, vielleicht auch zu leise!

86

Pilger bei der Umrundung des heiligen Berges Kailas. Was sie zum Leben brauchen, schleppen sie mit sich, wobei der Teetopf ebenso wichtig ist wie die Gebetsmühle.

Leben in einem tibetischen Kloster

von Geshe Thubten Ngawang

In Tibet unterscheidet man zwischen zwei Arten buddhistischer Klöster: Die meist in der Nähe des eigenen Wohnortes liegenden Gemeindeklöster (gzhis dgon), von denen sich unzählige kleinere und größere über das Land verteilen, getrennt in Mönchs- und Nonnenklöster, und die Klosteruniversitäten (gdan sa), die Hauptstudienstätten der Lehre Buddhas. Das Leben eines Mönches in einer solchen Klosteruniversität möchte ich genauer beschreiben. Vor dem eigentlichen Eintritt, entweder – bei den 15-, 16jährigen oder älteren – motiviert durch das eigene innere Bedürfnis, oder bei jüngeren Mönchsanwärtern – im Alter von sieben, acht Jahren – auf Wunsch der Eltern, muß ein persönlicher Lehrer gefunden werden, meist ein älterer Mönch, der vor der Klostergemeinschaft den Eintritt der Anwärter befürwortet und verantwortet. Dieser sorgt auch für die Unterkunft, die Kleidung und die Ernährung, vor allem aber für eine angemessene Ausbildung des jungen Mannes. Als „Zimmer-Lehrer" gibt er seine Weisungen für die alltäglichen Dinge des Klosterlebens, wie die Regeln, die Bedeutung und das Anlegen der Mönchskleidung, Lesen und Schreiben und auch die Rezitation der Gebete. Falls der Mentor nicht genügend gelehrt ist, um philosophischen Unterricht zu geben, muß er für seinen Schützling einen geeigneten und qualifizierten „Schriftenlehrer" finden.

Der Tag beginnt mit der Lobpreisung des Mañjuśrī, des Buddhas der Weisheit. Bei der Rezitation wiederholt der Mönch die letzte Silbe „DHĪ", sooft er kann, in einem Atemzug. Es heißt, daß dieses schnelle, hingebungsvolle Gebet besonders die Klarheit, die Schnelligkeit und die Tiefe des Verstandes sowie den sprachlichen Ausdruck schult.
Schon vor Sonnenaufgang rezitiert ein Mönch laut vom Dach des Haupttempels einen Lobpreis auf Buddha, dabei schlägt er mit einem großen Rosenkranz auf eines der metallenen, runden Siegeszeichen, die sich auf fast jedem Tempeldach befinden.

Allmählich kommen die Mönche herbei, setzen sich jedoch nicht gleich auf ihren Platz, wie die weit fortgeschrittenen Studenten und Geshes, sondern verbeugen sich viele Male vor den Buddhas mit Niederwerfungen des ganzen Körpers. Um den Geist von schlechten Eindrücken zu reinigen, gute Anlagen zu setzen und damit äußere und innere Hindernisse zu beseitigen, rezitieren die Mönche dabei das Sutra der drei Anhäufungen. Die fortgeschrittenen Studenten und Geshes gehen mit respektvoll gefalteten Händen an den Bildnissen im Tempel vorbei, um so Buddhas, Gottheiten und vergangenen Meistern zu huldigen.

Nach der gemeinsamen Andacht müssen die ganz jungen Mönche bei ihrem Lehrer das Lesen des tibetischen Alphabets und der verschiedenen Buchstabenzusammensetzung lernen. Denn schon bald werden sie beginnen, die großen Werke buddhistischer Meister, die während der Ausbildung im Kloster studiert werden, auswendig zu lernen. Auch die vielen Gebete, Meditations- und Ritualtexte, die bei den täglichen Zusammenkünften und bei besonderen Gelegenheiten im Tempel des Klosters gemeinsam von den Mönchen rezitiert werden, müssen die Novizen im Gedächtnis behalten. Das Schreiben der tibetischen Schrift gehört ebenso zum Unterricht. Nach den morgendlichen Übungen im Lesen, Schreiben und Auswendiglernen geht der junge Mönch, so gut er kann, seinem Lehrer zur Hand. Er bereitet seinen Tee, reinigt die Schälchen für seine tägliche Opfergabe von Wasser an die Buddhas und ähnliches. Der junge Mönch muß auch des öfteren einkaufen: Lebensmittel, getrocknetes Kraut (sulu) und Dung als Brennmaterial. Er lernt, im Wechsel mit seinen Zimmergefährten, zu kochen, so daß gegen zwölf Uhr gegessen werden kann.
Ältere Mönche beschäftigen sich am Morgen mit dem Studium und dem Auswendig-Lernen wichtiger Texte, meist großer Werke indischer Meister.
Nach dem Mittagessen erledigen sie oft für sich Hausarbeiten wie Wäschewaschen, Nähen oder Reinigen der Zimmer. Auch den Raum des Lehrers sau-

Übersetzung von Christof Spitz

Schon früh treten Knaben in Tibet als Novizen in ein Kloster ein. Während unter Maos Herrschaft jedes religiöse Leben in Tibet verboten war, beginnt heute wieder ein noch zaghaftes Klosterleben in Drepung, Sera, Ganden und Tashi Lhunpo.

berzumachen ist Aufgabe des Schülers. In den Unterweisungen über Disziplin (vinaya, 'dul ba) heißt es nämlich, daß es dem Schüler obliegt, eine Arbeit zu machen, zu der er und sein Lehrer gleichermaßen in der Lage seien. Das gilt besonders für die älteren Schüler. Sie sind für die Säuberung des Zimmers und für die Pflege der Kleidung des Lehrers verantwortlich.

Am Nachmittag üben sich die jüngeren Mönche im Schreiben, die älteren erhalten einen zweistündigen Unterricht über die großen Werke buddhistischer Philosophie. Wie erwähnt, erteilt diesen entweder der persönliche „Zimmer-Lehrer" oder der „Schriften-Lehrer".

Am Abend gibt es wieder Tee und meist eine Suppe. Einige Mönche essen jedoch abends nichts. Dies entspricht der von Buddha gegebenen Mönchsdisziplin; doch hat Buddha auch für den Fall, daß gesundheitliche Gründe dagegen sprechen oder daß man tagsüber körperlich angestrengt arbeiten oder reisen muß, die Erlaubnis zum Essen nach dem Mittag gegeben. Abends lesen die älteren Schüler in den Schriften, die sie studieren, und rezitieren laut die auswendig gelernten Werke. Wer gut gelernt hat, rezitiert in Hörweite des Lehrers, damit er korrigieren kann. Danach ist Schlafenszeit.

Der bisher geschilderte Tagesablauf gilt nur für die Monate, in denen keine Debatten stattfinden. In den Monaten der Debatte jedoch ist morgens nicht viel Zeit zum Lernen, es sei denn, man bittet den Disziplinar des Klosters um Erlaubnis, nicht zu der Andacht am Morgen, bei der der Buttertee an alle Mönche verteilt wird, in den Tempel kommen zu müssen, sondern die Zeit nutzen zu dürfen, die großen indischen Werke und tibetischen Kommentare auswendig zu lernen. Denn gleich nach dem allgemeinen Morgentee beginnen die verschiedenen Formen der philosophischen Debatte mit den anderen Studenten der eigenen Klasse.

Eine Form der Debatte besteht darin, daß immer zwei Studenten sich gegenseitig Fragen stellen. Diese dauert morgens etwa eine halbe Stunde. Dann gibt es die Gruppendebatte, an der sich die ganze Klasse beteiligt. Einer der besseren Studenten setzt sich in die Mitte und muß antworten, ein anderer steht vor ihm und stellt die Fragen. Die anderen sitzen wie Zeugen im Kreis und hören zu, was gefragt und geantwortet wird, welche Behauptungen aufgestellt werden und wie sie begründet werden, wie sie entkräftet oder bestätigt werden, ob sie mit den Schriften übereinstimmen oder nicht. Wenn sie merken, daß der Antwortende ins Stocken gerät, helfen sie auch ihm; stellt der Fragende seine Fragen nicht gut genug, um die Antworten weiter zu hinterfragen und unklare Punkte besser herauszustellen, so unterstützen sie ihn. Die Aufgabe der Klasse besteht also nicht einfach darin zuzuhören, sondern durch gezielte Beiträge die Diskussion zu intensivieren und zu vertiefen. Diese Debatte dauert etwa eine Stunde.

Dann versammeln sich die Mönche in ihrem Kolleg und rezitieren die großen Werke, die sie studieren, als eine Form des gemeinsamen meditativen Gebetes. Dabei wird wieder Tee ausgegeben – je nach dem Gönner Buttertee oder einfacher schwarzer Tee. Die meisten Mönche, die es sich leisten können, tragen immer einen kleinen Beutel mit Tsampa bei sich, von dem sie in den Andachten oft etwas mit dem Tee zu einem Teig vermengen und essen. Nach dieser Versammlung widmen sich die Mönche noch einmal etwa eine halbe Stunde lang der Debatte. An manchen Tagen gibt der Abt statt dessen längere Unterweisungen über die Meditation nach dem Stufenweg der Erleuchtung (lam rim) oder andere wichtige Anweisungen zum Klosterleben und zur Übung des Dharma, der Lehre des Buddha.

Mittags versammelt man sich meist im Tempel des eigenen Hauses. Eine große Klosteruniversität wie etwa Sera nahe Lhasa ist in verschiedene Abteilungen auf drei Ebenen gegliedert, von der jede ihren eigenen Versammlungstempel hat. Der größte Tempel gehört dem ganzen Kloster Sera und dient den „Großen Versammlungen", zu denen auch die allmorgendliche Andacht gehört. Die nächste Ebene wird von den „Kollegs" (grwa tshang) gebildet, von denen es in Sera drei gab: Dsche (byas), Mä (smad) und Ngag pa (ngag pa). Jedes Kolleg teilt sich wiederum in verschiedene „Häuser" (khang tshan) auf, die meist aus den Mönchen eines Landstrichs gebildet sind. Nur weil man zu einem solchen „Haus" gehört, darf man sich überhaupt dem Kloster zugehörig betrachten. Die Abteilungen sind also nicht nach verschiedenen Studiengebieten geordnet, sondern nach Landesteilen. Man muß sich vor Augen führen, daß diese Klosteruniversitäten früher zwischen 5000 und über 10000 Mönche beherbergten und deshalb eine Untergliederung in kleinere, sich selbst verwaltende Einheiten eine praktische Notwendigkeit war.

Auch in den Monaten des Debattierens trifft man sich mittags im Tempel des eigenen Hauses zum Gebet. Dort gibt es meist eine Suppe und Tee, und man kann dazu noch etwas vom eigenen Tsampa essen. Dann braucht man kein weiteres Mittagessen vorzubereiten. In den Klöstern in Tibet macht man sich gewöhnlich nicht viel Arbeit mit dem Essen. Wer kann, hält sich einen Vorrat an Tsampa und rührt sich dieses entweder mit Tee oder, falls er sich diesen nicht leisten kann, mit heißem Wasser zu einem Teig an.

Wenn die Gebetsversammlung am Mittag nicht zu lange gedauert hat, bleibt nun eine Viertelstunde Mittagspause, während der man sich ein wenig ausruhen oder auch Einkäufe erledigen kann. Danach folgt wieder die Debatte, die bis zum Abend dauert.

Am Abend trifft man sich nochmals zu gemeinsamen Gebeten (zhabs brtan), etwa dem Lobpreis der Gottheit Tara. Diese weibliche Verkörperung der spontanen, vielfältigen Heilsaktivität aller Buddhas wird von allen gläubigen Tibetern mit tiefer Hingabe verehrt und in allen Lebenslagen um ihren segensreichen Einfluß angefleht. Nach den Gebeten findet eine sehr lange Debatte statt, bei der zuerst der zu klärende Grundtext mit seinen Gliederungspunkten vorgetragen wird. Manchmal dauert es recht lange, bis eine lebhafte Diskussion entsteht; ist sie jedoch entfacht, wird oft die ganze Nacht lang geredet.

Eine Redensart der Mönche besagt, daß eine gute Debatte einem dicken Baumstamm gleicht: Zu Beginn ist er schwer in Brand zu setzen, in der Mitte brennt er mit großer Hitze, und am Ende ist er schwer zu löschen. Solche Debatten sind äußerst hilfreich für ein tiefes Verständnis der Lehre Buddhas, sogar dann, wenn man gar nicht aktiv beteiligt ist, sondern nur aufmerksam zuhört. Nicht nur die Schüler einer Klasse diskutieren, oft bittet man auch ältere Mönche um ihre Meinung, meist ist auch der eigene Lehrer anwesend. Daher ist es meist gar nicht nötig, in den Debattiermonaten noch zusätzlichen Unterricht zu bekommen.

Wenn der Studientag zu Ende geht und man wieder im eigenen Zimmer ist, läßt man die Stunden seit dem Erwachen noch einmal vor dem geistigen Auge vorüberziehen. Man liest noch einmal die Textpassagen, die man tagsüber studiert hat, überdenkt in Ruhe das Gelernte und die wichtigen, vielleicht noch unklaren Fragen, die während der Diskussion aufgetreten sind und man schaut auch in die Schriften, um Textstellen zu diesen schwierigen Punkten zu finden. Schläft man mit Gedanken an die Bedeutung der Schriften ein, wird der gesamte Schlaf dadurch positiv beeinflußt, daß er selbst noch zu einer heilsamen Handlung wird. – Dies ist der übliche Tagesablauf bis zum Ende der Studien, die mit dem Titel eines „Geshe" abgeschlossen werden.

Eine Besonderheit gibt es allerdings während der zweijährigen jüngeren Madhyamaka (bdu ma)-Klasse: Die dort studierte Prâsaṅgika-Mâdhyamika-Philosophie wird als die höchste im gesamten Buddhismus angesehen. Sie stellt die letztliche Wirklichkeit so dar wie es den Gedanken des Buddha entspricht, während andere Philosophien noch nicht die genaueste Darstellung bieten, sondern als der Interpretation bedürftige Beschreibungen der Wirklichkeit angesehen werden müssen. In dieser Klasse wird an zwölf oder dreizehn Tagen eines jeden Monats die ganze Nacht über debattiert. Man hat mit der älteren, höheren Madhyamaka-Klasse, die diesen Studienabschnitt bald verlassen wird, zu debattieren. Ein älterer Student, der in dem Ruf steht, dieses Thema gut zu beherrschen, setzt sich dabei in die Mitte und muß die Fragen und Herausforderungen aller anderen beurteilen und erwidern. Dann werden die Rollen vertauscht, und ein Student der jüngeren Klasse muß auf die Fragen der älteren Studenten antworten. Bei diesen Gelegenheiten werden die schwierigen Punkte der tiefgründigen Madhyamaka-Ansicht sehr intensiv diskutiert.

Aus dem Kloster Sera in Tibet wird darüber eine erstaunliche Legende erzählt. In dem Kolleg Sera-Dsche liegt wie üblich der Debattierhof vor dem Haupttempel des Kollegs. In diesem gibt es einen Tempel Mañjushrîs, von dessen Fenster man auf den Dabattierhof blickt. In dem Fenster steht eine goldene Statue Mañjushrîs, deren Oberkörper ungewöhnlich nach links gebogen ist. Dazu wird erzählt, Mañjushrî habe eines Nachts so voller Freude und Aufmerksamkeit einer außergewöhnlich tiefgründigen Debatte der Madhyamaka-Klasse zugehört, daß am nächsten Morgen der Küster die Statue zum Fenster geneigt vorfand – in der Haltung eines Menschen beim interessierten Zuhören.

Mit dieser Geschichte wird zum Ausdruck gebracht, wie tiefgründig die mit feinster Logik geführten, die ganze Nacht andauernden Überlegungen über die buddhistische Sicht der letztlichen Wirklichkeit sind.

Ähnlich gibt es im Studienabschnitt „Vollkommenheiten" (pâramitâ) eine Klasse über die Philosophie der Svâtantrika-Mâdhyamikas. Auch sie muß solche die ganze Nacht andauernden Debatten durchführen. Allerdings debattieren die Studenten nicht mit anderen Klassen, sondern nur unter sich.

Die nächtlichen Diskussionen dieser beiden außergewöhnlichen Klassen dürfen bis zum Aufruf zur allmorgendlichen gemeinsamen Versammlung nicht unterbrochen werden.

Im Winter ist es ziemlich kalt; die Debatten finden ja draußen auf dem Debattierhof statt, nicht etwa in einem Gebäude; es gibt auch keine Kissen. Einige können die Kälte nur aushalten, indem sie gleich zwei Mönchsmäntel oder zwei dicke Obergewänder übereinander tragen. Manchmal macht den Mönchen auch der Regen zu schaffen. Die Klosterregeln sagen, daß man die Debatte erst dann in den nahegelegenen Haupttempel verlegen darf, wenn das Regenwasser in den Regenrinnen im Boden sichtbar wegläuft. Solange der Regen aber nicht so stark ist, muß man ihn mit Geduld ertragen, und die Debatte darf nicht unterbrochen oder verlegt werden. Manchmal fällt der Regen jedoch in so kurzen Schauern, daß die Kleidung zwar völlig durchnäßt ist, aber doch nicht genug Niederschlag fällt, um das Wasser in den Rinnen fließen zu lassen.

Während der gut einmonatigen Pausen muß man nicht unbedingt im Kloster bleiben. Ein Mönch, der die Studientexte besonders gut lernen möchte, kann in eine nahegelegene Einsiedelei in den Bergen gehen, sich dort eine Unterkunft mieten und sich ausreichend Tsampa mitnehmen.

Von Zeit zu Zeit erholt man sich beim Spaziergang über nahegelegene Bergwiesen, umwandelt Reliquienschreine (stupas) und Tempel. Bis zum Abend liest man dann wieder in den Schriften oder wiederholt das neu Auswendiggelernte. Am Abend schließlich rezitiert man möglichst viele der Schriften, die man bisher auswendig gelernt hat.

In diesen Debattierpausen kann man auch Meditationsklausuren durchführen. Mein Lehrer Geshe Jampa Khedrup Rinpoche berichtete uns, wie hilfreich für sein Studium eine mehrwöchige Meditationsklausur über die Meditationsgottheit Yamântaka, eine bestimmte Manifestation Mañjuśrîs, gewesen war, die er auf Anraten seines Lehrers durchführte, als eine Krankheit sein Studium zu behindern drohte. Solche Klausuren fördern zum einen das Verständnis der tiefgründigen Studieninhalte, zum anderen dienen sie dazu, Hindernisse aufzulösen.

In der Debattierpause ist auch Gelegenheit, andere Klöster zu besuchen, oder, falls man aus der Gegend von Lhasa kommt, Verwandte zu treffen. In den Ferien ist all dies erlaubt, die Regeln des Klosters sind dann nicht so streng. Während der Studien- und Debattiermonate wird es in den Klosteruniversitäten allerdings als verwerflich angesehen, wenn der Mönch seine Studien und die regelmäßige Debatte vernachlässigt, um außerhalb des Klosters Verwandte zu treffen oder ähnliches. Selbst wenn er um Erlaubnis bäte, würde sie ihm nicht gegeben. Dies gilt insbesondere für die Mönche, die der intensiven philosophischen Ausbildung folgen und später den Titel eines „Geshe" erwerben wollen.

Ich möchte nun noch etwas Allgemeines über das Leben eines Ordinierten sagen.

Der Mönchs- und Nonnenorden geht auf den Stifter und Lehrer des Buddhismus, Buddha Sâkyamuni, selbst zurück. Innerhalb der verschiedenen Formen eines religiösen Lebens, wie es der Buddha gelehrt hat, wird das Mönchstum besonders hervorgehoben, da es im Sinne des Dharma sowohl für einen selbst als auch für andere einen besonderen Nutzen hervorbringt. Deshalb wurde es von Buddha eingerichtet und setzte sich seitdem in ununterbrochener Überlieferung bis auf den heutigen Tag fort.

Ein Mensch, der in den Mönchs- oder Nonnenorden des Buddha eingetreten ist, hat mehrere Aufgaben. Aus der Verpflichtung, das Gelübde einzuhalten, gibt es zwei Aspekte der eigentlichen religiösen Übung. Der eine ist, durch Meditation die Fehler des eigenen Verhaltens und Denkens aufzugeben, mit dem Ziel, die Befreiung von allen befleckten Geisteszuständen und Handlungsweisen und somit von allen Leiden zu erreichen. Dieser Aspekt der Lebensführung eines Mönches oder einer Nonne wird hauptsächlich in den Unterweisungen für die „Hörer" (Srâvakapiṭaka, nyan thos kyi sde snod) gelehrt. Als „Hörer" (Śrâvaka, nyan thos) wird jemand bezeichnet, der als Hauptziel seines Weges die persönliche Befreiung aus dem Daseinskreislauf (saṃsâra, 'khor ba) anstrebt.

Natürlich muß auch ein Ordinierter – wie jeder andere Mensch – die zum Leben notwendigen Dinge haben. Oft geben die Laiengläubigen den Ordinierten Almosen; denn nach der Lehre hilft die Gabe dem Spender, heilsame Wirkungskräfte zu schaffen. Sie tragen dazu bei, daß für ihn und seine Familie Hindernisse wegfallen und sich seine Aufgaben und Ziele wie gewünscht verwirklichen lassen. Die Mönche und Nonnen aber sollen mit dem, was sie bekommen, zufrieden sein, und nicht etwa die Laien um wertvolle Dinge zum persönlichen Bedarf bitten. Darüber hinaus haben sie die Verantwortung, den gläubigen Laien mit Ratschlägen und Erläuterungen aus dem Dharma zu helfen. Die Beziehung zwischen den Ordinierten und den Laiengläubigen gründet auf dem Gefühl, im religiösen Leben aufeinander angewiesen und füreinander da zu sein, auf gegenseitigem Vertrauen und auf Verantwortungsbewußtsein.

Das Wichtigste im religiösen Leben eines Ordinierten ist die Meditation. Er übt eine Lebensweise, die ganz danach ausgerichtet ist, schlechte Eigenschaften aufzugeben und sich Tugenden anzueignen, die ihn auf dem Weg der Erlösung weiterbringen.

Der andere Aspekt im Lebensweg eines Mönches oder einer Nonne ist die Ausrichtung nach jenen Lehren des Buddhas, die in den Unterweisungen für die Bodhisattvas (Bodhisattvapiṭaka, byang chub sems dpa'i sde snod) zusammengefaßt sind. Ein Bodhisattva sucht als Ziel seines Weges nicht nur die persönliche Befreiung, sondern den Zustand eines allwissenden Buddhas zu erreichen, um allen Wesen zu ihrem zeitlichen und letztlichen Wohl verhelfen zu können. Diese Unterweisungen sind äußerst tiefgründig. Sie sind sehr schwer auszuüben und deshalb von Buddha nicht in aller Öffentlichkeit gelehrt worden. Der Ordinierte lernt diese Lehren, denkt über ihre Bedeutung nach und praktiziert sie zu dem Ziel, der menschlichen Gesellschaft nach besten Kräften mit Rat und Tat zu nutzen. Dieser Weg erfordert noch mehr geistige Kraft und Mut; denn er legt das Schwergewicht auf das Wohl der anderen. Sicherlich sind auch hier die grundlegenden Regeln für das Mönchs- oder Nonnenleben gleich, doch kommt die ganz nach altruistischen Maßstäben ausgerichtete Übung hinzu. Da das Studium und die Ausübung der Lehren des Buddhas für Bodhisattvas so sehr umfassend und tiefgründig ist, ist der daraus für die Gesellschaft resultierende Nutzen noch weitreichender und wirkungsvoller. Das sieht man am Beispiel des Lebens vieler herausragender Meister Indiens, die diesen Weg gegangen sind, wie Nâgârjuna, Asaṅga und Atîśa. Zum Dienst eines Ordinierten an der Gemeinschaft gehört die Bemühung, Konflikte in der Gesellschaft zu schlichten und den Menschen mit hilfreichem Rat zur Seite zu stehen. Damit ist natürlich keine Herrschaft der Mönche über die Laiengemeinde gemeint. Aufgabe ist es vielmehr, von einer guten, reinen Motivation geleitet, anderen Menschen zu helfen.

Grundlage für das Leben eines Ordinierten ist, anderen keinen Schaden zuzufügen, weder ihrem Leben noch ihrem Körper, ihrem Besitz und ihrem Geist. Der Weg eines Bodhisattvas aber ist, auf dieser Grundlage den anderen zu helfen und der Gemeinschaft zu dienen.

Die Kleidung des Ordinierten dient dazu, ihn auch äußerlich als einen Menschen kenntlich zu machen, der ein besonderes Gelübde trägt, doch damit ist nicht der Anspruch auf eine erhöhte, einflußreiche gesellschaftliche Stellung verbunden. Buddha hat diese Kleidung vorgeschrieben und die Farben gelb, dunkelrot bzw. rotbraun und blau zugelassen. In Tibet werden wegen des kalten Klimas die warmen Farben bevorzugt, und die Roben werden meist aus dunkelrot eingefärbtem Schafswollstoff hergestellt. Es versteht sich von selbst, daß man nicht auf Roben versessen sein soll, die aus einem im Land besonders teuren Material gefertigt sind. Sie sollen ihren Zweck als Kleidungsstück und als Merkmal für einen „in die Hauslosigkeit Gegangenen" erfüllen.

Beim Essen soll der Ordinierte mit dem zufrieden sein, was ihm von den Laien aus Vertrauen gegeben wird; er kann aber auch von seiner Familie mit Lebensmitteln versorgt werden. Allerdings ist es in Tibet nicht Sitte, jeden Mittag das Kloster zu verlassen und in das Dorf oder die Stadt zu gehen, um von den Gläubigen gespendetes Essen in Empfang zu nehmen. Nur im Herbst, zur Erntezeit, gehen Mönche und Nonnen aus ihren Klöstern in die nahegelegenen Siedlungen auf den Almosengang. Sie erhalten dann oft eine kleine Menge der geernteten Gerste, was nicht selten für ein ganzes Jahr reichen muß. In einigen Klöstern wird von der Klosterleitung ein Verwalter bestimmt, der Spenden von den Laien für die Klostergemeinschaft oder dem Kloster zugedachte Erbschaften und ähnliches verwaltet. Er kann auch Sachwerte aus solchen Spenden verkaufen, um von dem Erlös Nahrungsmittel oder andere lebensnotwendige Dinge für die Klostergemeinschaft zu beschaffen.

Nach der Lehre sollen sich Mönche und Nonnen mit möglichst einfachen Lebensbedingungen begnügen. Andernfalls entstehen viele Bedürfnisse, die zu stillen die Zeit und Energie des Lebens zu sehr in Anspruch nehmen würde. Es bliebe nicht genug, um den eigentlichen Sinn des Lebens eines Mönches oder einer Nonne zu erfüllen. Die Möglichkeiten, Dharma zu lernen, darüber nachzudenken, zu meditieren und mit den Mitteln des Dharma den Menschen zu dienen, würden dann wieder sehr stark eingeschränkt.

So spielt die Einfachheit im Leben eines Menschen im Orden des Buddha Śâkyamuni eine wichtige Rolle. Sie versetzt ihn in die Lage, auf unkomplizierte Weise ein Leben des Lernens, der Kontemplation und der Meditation zu führen. Er braucht sich nicht um die vielen Dinge zu sorgen, die mit Ehe und Kindern verbunden sind, und darf sich auch nicht für persönlichen Besitz interessieren.

Um ein einfaches Beispiel zu geben: Selbst wenn ein Ordinierter den Wunsch hätte zu reisen, so wäre das sehr einfach und angenehm. Wenn er etwa in den Osten fahren wollte, gäbe es keinen Ehepartner, der darauf drängte, lieber in den Westen zu fahren; wenn er in eine Winterlandschaft reisen wollte, würde keiner auf ihn einreden, in ein sonniges Land zu fahren. Es ist nicht schwer zu sehen, wieviel Zeit und Kraft des Menschenlebens die Familie fordert und wieviele Konflikte es zu bestehen gilt. Selbst wenn ein Elternteil zu einer religiösen Unterweisung will, kann das zu einer Auseinandersetzung führen. Einerseits sollen die Kinder nicht allein zuhause bleiben, andererseits können oder wollen sie aber auch nicht mit zu der Veranstaltung. Je mehr man sich mit Dingen des weltlichen Lebens auseinandersetzen muß, desto mehr wird der Geist von der Bemühung abgelenkt, Dharma zu lernen und zu üben, Fortschritte auf dem Weg zur Befreiung zu machen oder mit Dharma der Gesellschaft zu helfen. Diese Ablenkung geschieht oft ganz unmerklich. Das ist der Grund, warum es in allen Abteilungen der Lehre des Buddha heißt, daß man als Mönch oder als Nonne auf der Grundlage des Keuschheitsgelübdes sehr gute Voraussetzungen hat, auf dem Weg zur Befreiung voranzuschreiten. Es wird sogar gesagt, daß dieses Ziel „mühelos" erreicht wird. In dieser Hinsicht gibt es keinen Unterschied zwischen den Lehren der Hörer, der Bodhisattvas und den Lehren des Geheimen Mantra. Dies gilt nicht nur für das Studium und die Ausübung von Religion. Schon Tätigkeiten auf anderen umfassenden und tiefgehenden weltlichen Gebieten, etwa der Wissenschaft, der Kultur, der Kunst, der Medizin, lassen sich viel effektiver und unkomplizierter ausüben, wenn man in der Ehelosigkeit lebt. Man hat sehr viel weniger

Ein Tibeter aus der Hochebene im Westen zu Besuch in unserem Lager. Kaum haben wir die Zelte aufgeschlagen, kommen Tibeter und fragen nach Dalai-Lama-Fotos. Nie hörten wir sie nach Geld, nach Nahrung oder Kleidung betteln.

Gedanken und Sorgen um die Familie und damit mehr Freiraum, sich einer Aufgabe konzentriert zuzuwenden. Das mag ein Grund dafür sein, daß in Tibet die meisten Ärzte Mönche waren.

Es ist gemeinsame Tradition aller Religionen, daß die Gläubigen zu Gebeten zusammenkommen. Zum Beispiel feiert man im Buddhismus an Vesakh die Geburt, die Erleuchtung und den Eingang ins Nirvâṇa des Buddha. Im Christentum kommt man regelmäßig im Gottesdienst zur Verehrung und zum Gebet zusammen aus der Überzeugung, daß dies für Lebende wie für Verstorbene eine Hilfe ist. Auch im Buddhismus, wo anstelle eines Schöpfergottes Buddha die Verkörperung der Zuflucht ist, betet man in dem Glauben, daß das eigene Gebet und die Kraft des Buddha gemeinsam eine Kraft schaffen, die sich günstig auswirkt, um die verschiedensten Hindernisse zu beseitigen, den Verlauf einer Krankheit zu verbessern, psychische Leiden und Krankheiten zu heilen oder Verstorbenen auf ihrem Weg zu helfen. Oft werden für Menschen in Not und Verstorbene Opfergaben dargebracht, um durch das daraus entstehende Verdienst und die Substanzen eine heilsame Beziehung zu ihnen zu schaffen, die sich für sie positiv auswirken kann. Dies ist die Motivation für viele der Opfergaben, Rezitationen und Gebete, die man in den buddhistischen Tempeln und Klöstern beobachtet.

Die meisten Menschen in der Welt machen sich nicht viele Gedanken über das, was nach dem Tod kommen mag. Sie gehen davon aus, daß schon irgendwie alles gut gehen werde, ohne aber die Gewißheit zu besitzen, daß Angenehmes folgen wird. Sicher ist allerdings, daß nichts von den oberflächlichen Dingen dieses Lebens für die Zeit nach dem Tod hilft. Nur im Glauben an etwas Tiefgründigeres, im Glauben an ein höheres Wesen und an die Mittel der Religionen finden Menschen eine Hoffnung auch für das, was nach diesem Leben kommt. Die Buddhisten glauben, daß sie in Abhängigkeit von ihren Taten (karma, las) nach dem Tod wieder in eine neue Existenz eintreten werden. Sie glauben, daß der Buddha die Mittel gelehrt hat, wieder ein so hohes Dasein wie das menschliche annehmen zu können. Das ist der Grund, warum sie sich bemühen, verdienstvolle Handlungen zu sammeln.

Die Hauptursache für eine persönliche gute Zukunft auch nach diesem Leben ist nach buddhistischer Auffassung allerdings nicht das Gebet, sondern die eigene Lebensführung. Als das Wichtigste wird angesehen, die menschlichen Möglichkeiten dazu zu nutzen, die Lehre, das Dharma, zu lernen und immer mehr ins tägliche Leben zu integrieren. Dazu spielt die kontinuierliche Übung und Gewöhnung in der täglichen Praxis eine herausragende Rolle. Das Gebet, wie etwa das gemeinsame Gebet der Klostergemeinschaft, wird allerdings als heilvoll wirkender, unterstützender Umstand für die eigene Bemühung angesehen.

Das Lachen der Tibeter ist sprichwörtlich! Kaum ein Volk der Erde ist materiell so arm wie die Tibeter, kaum ein Volk war kulturell so reich wie sie. Trotz der fast 40jährigen Unterdrückung haben die Menschen ihre Fröhlichkeit, ihr Lachen und ihren Glauben an Gerechtigkeit nicht verloren.

Der völkerrechtliche Status Tibets

Gehört Tibet den Chinesen oder den Tibetern? – Führende Politiker im freien Westen beantworten diese Frage unterschiedlich, anscheinend wird hier nach geschäftlichen Interessen geurteilt, nicht aber nach völkerrechtlichen Grundsätzen. Am 8. Juli 1987 erklärte die Bundesregierung: „Für die Bundesregierung wie für die gesamte Staatengemeinschaft ist geklärt, daß Tibet völkerrechtlich Teil des chinesischen Staatsverbandes ist."
Erst danach hat der Wissenschaftliche Fachdienst des Deutschen Bundestages diese Frage geprüft (Reg.-Nr. WF II – 163/87 vom 12.8.1987). Die Studie kommt zu dem Schluß, daß Tibet nie zu China gehörte und widerrechtlich mit Waffengewalt durch China annektiert wurde.
Hier die betreffende Studie in Auszügen:

Ungeklärte Statusfrage

Seit dem Einmarsch der chinesischen Truppen im Jahre 1950 wird an das Problem des völkerrechtlichen Status Tibets nicht gerührt. Die Staaten nehmen die Faktizität der Ausübung der Gebietshoheit durch China hin und stellen den Anspruch Chinas nicht in Frage, enthalten sich aber fast ausnahmslos einer ausdrücklichen Anerkennung Tibets als Teil Chinas. Tibet ist aber nur dann völkerrechtlich Teil des chinesischen Staatsverbandes, wenn es entweder schon vor dem Einmarsch diesen Status hatte oder wenn China anschließend einen wirksamen Gebietstitel erworben hat.

Der völkerrechtliche Status im Jahre 1950

Für die Beurteilung des derzeitigen völkerrechtlichen Status kommt es also entscheidend darauf an, ob Tibet vor der chinesischen Besetzung im Jahre 1950 ein unabhängiger Staat war. Dabei ist die vorausgehende Geschichte nicht ohne Bedeutung. Seitdem die Religionskönige im 7. und 8. Jahrhundert die bis dahin heidnischen tibetischen Stämme zu einem Staatswesen zusammenschließen, wechselten die Machtverhältnisse und Abhängigkeiten zwischen Tibet und China. Zu Zeiten war Tibet ein unabhängiger Staat, zu Zeiten einer mehr oder weniger lockeren chinesischen Suzeränität unterworfen. Als im Jahre 1717 die Dsungaren in Tibet einfielen, griff auf Bitten der Tibeter der chinesische Kaiser ein, befreite im Jahre 1720 den Dalai Lama und schloß mit ihm einen Vertrag, der Tibet der Oberherrschaft der Mandschu-Kaiser unterstellte. Tibet blieb aber doch so selbständig, daß der 13. Dalai Lama den britisch-chinesischen Handelsvertrag über dieses Land nicht anerkannte und erst durch eine bewaffnete britische Intervention im Jahre 1904 dazu gezwungen wurde, Großbritannien gewisse Handelsrechte zuzuerkennen. Das bis 1890 relativ gute Verhältnis zwischen Tibet und China war dadurch gestört.
Auf das Abkommen vor 1720 stützte China weiterhin seinen Suzeränitätsanspruch, Tibet in seinen Herrschaftsbereich einzubeziehen. Dagegen betrachtete es Tibet mit dem Sturz der Mandschu-Dynastie im Jahre 1911 als hinfällig. Eine Beurteilung des Streits ist nicht möglich, weil der Wortlaut des Abkommens nicht vorliegt.
Für die Feststellung der Ausgangslage im Jahre 1950 ist sie auch nicht notwendig. Denn nach der chinesischen Revolution von 1911, spätestens seit den 20er Jahren, hat Tibet alle völkerrechtlichen Merkmale eines unabhängigen Staates erfüllt. Die Juristenkommission sprach von einer Periode de facto vollständiger Unabhängigkeit von China.
1911 vertrieben die Tibeter die 1910 eingerichteten chinesischen Garnisonen, Anfang des Jahres 1912 rief der 13. Dalai Lama die Unabhängigkeit seines Landes aus. Nach Feststellung der Juristenkommission gab es keine rechtlichen Hindernisse für die formelle Anerkennung Tibets. Im Jahre 1943 wurde Tibet außenpolitisch stärker aktiv, wobei es ein eigenes Büro für auswärtige Angelegenheiten einrichtete. Tibetische Pässe wurden als gültige Reisedokumente anerkannt.
Anläßlich der Niederlage der Kuomintang-Regierung forderte die tibetische Regierung alle Vertreter Chinas im Juli 1949 zum Verlassen des Landes auf,

um klarzustellen, daß China über Tibet keine Rechte hat. Damit hätte Tibet völkerrechtlich wirksam alle seine Unabhängigkeit einschränkenden vertraglichen Bindungen beendet, wenn solche noch bestanden hätten...

Im Hinblick auf die Ansprüche Chinas und seiner wachsenden Stärke war es ein politischer Fehler, daß Tibet mit der Aufnahme diplomatischer Beziehungen und mit dem Gesuch um Aufnahme als Mitglied der Vereinten Nationen zögerte.

Unwirksame Staatsgebietsaneignung

Am 7. Oktober 1950 hat die Volksrepublik China nach vorausgehenden Verhandlungen mit einer tibetischen Delegation seine Truppen in Tibet einmarschieren lassen und es gewaltsam seinem Staatsverband einverleibt.

China hat aber keinen völkerrechtlich wirksamen Titel für die Staatsgebietsaneignung erworben. Alle möglichen Gebietstitel scheiden aus.

Annexion

Die Eingliederung Tibets in den chinesischen Staatsverband im Jahre 1951 erfüllte völkerrechtlich den Tatbestand der Annexion. Zwar wurde das Verhältnis zwischen beiden Ländern durch den Vertrag vom 25. Mai 1951 geregelt, in dem Tibet eine gewisse Autonomie zugestanden wurde, China aber die Wahrnehmung der auswärtigen Angelegenheiten und die militärische Hoheitsgewalt erhielt, doch verbrämte dieser nur die Einseitigkeit der Aneignung Tibets. Er beruhte auf der militärischen Niederlage Tibets und erfolgte gegen dessen Willen. Gemäß Art. 52 der Wiener Konvention über das Recht der Verträge ist ein unter Zwang abgeschlossener Vertrag, der eine Besetzung bestätigt, nichtig. Zudem wurden viele der Tibet gewährten Garantien von China verletzt.

Die Proklamierung der Unabhängigkeit Tibets durch die Regierung des Dalai Lama am 11. März 1959 und die öffentliche Kündigung des Vertrages mit China durch den Dalai Lama am 20. Juni 1959 verdeutlichen, daß die Unterwerfung unter dem Druck der militärischen Invasion geschehen war.

Die Annexion Tibets fand ihren Abschluß, indem China nach der Niederschlagung des Aufstandes gegen die chinesische Gewaltherrschaft und der Flucht des 14. Dalai Lama im März 1959 die tibetische Regierung aufgelöst und das Land verwaltungsmäßig unter Verlust der Reste seiner Autonomie in sein System eingegliedert hat. Der Verzicht auf eine formelle Absetzung des Dalai Lama steht dem nicht entgegen.

Im heutigen Völkerrecht stellt die Annexion keinen wirksamen Gebietstitel mehr dar. Die Annexionsfreiheit des klassischen Völkerrechts folgte aus dem Prinzip des freien Kriegsführungsrechts. Mit der modernen Entwicklung des Völkerrechts ist an Stelle des freien Kriegsführungsrechts das Gewaltverbot getreten. So folgte auch ein Wandel von der Annexionsfreiheit zum Annexionsverbot.

So bleibt festzustellen, daß aufgrund des Annexionsverbotes China ohne wirksamen Gebietstitel de facto die Gebietshoheit über Tibet ausübt.

Völkerrechtliche Anerkennung

Die völkerrechtliche Anerkennung wird von einigen Autoren als Instrument zur Beseitigung des Widerspruchs zwischen der Realität der erfolgreichen Behauptung des annektierten Besitzstandes und der von der Unwirksamkeit des Erwerbs ausgehenden Rechtslage gesehen. Sie ist eine Willenserklärung der Organe eines Staates, durch die eine streitige Tatsache oder unklare Rechtslage in einem bestimmten Sinn als bestehend oder rechtmäßig festgestellt wird. Sie steht im Spannungsverhältnis zwischen dem Effektivitätsprinzip und dem Legitimitätsprinzip. Ihre rechtliche Bedeutung ist bestritten. Wegen der Überlagerung der Anerkennungspraxis durch politische Einflüsse lassen sich allgemeine Regeln kaum aufstellen. Auf eine völkerrechtliche Anerkennung kann China auch aus anderen Gründen keinen Gebietstitel stützen. Gegenüber Tibet greift die Stimson-Doktrin der Nichtanerkennung gewaltsamer Gebietsveränderungen. Sie will im Einklang mit dem Gewaltverbot verhindern, daß dagegen verstoßende und daher völkerrechtlich unwirksame Gebietsveränderungen durch die konsolidierende Wirkung der Anerkennung seitens dritter Staaten schließlich doch Rechtsgültigkeit erlangen.

Hinsichtlich der Staatsgebietsaneignung Tibets sind nicht einmal die äußeren Voraussetzungen gegeben. Die Mitglieder der Staatengemeinschaft, insbesondere die Bundesrepublik Deutschland, gehen zwar davon aus, daß Tibet ein Teil Chinas ist, nur wenige haben dies aber ausdrücklich klärend festgestellt. Am 29. April 1954 geschah dies durch Indien, am 20. September 1956 durch Nepal. Soweit die Einverleibung Tibets lediglich nicht in Frage gestellt wird, bedeutet dies keine völkerrechtlich wirksame Anerkennung des de-facto-Zustandes.

Ersitzung

Auch völkerrechtlich gibt es einen Gebietserwerb durch Ersitzung: „The continuous and peaceful display of territorial sovereignty is as good as a title." Voraussetzung ist die Ausübung einer effektiven Herrschaftsgewalt, die nach außen dokumentiert wird und ungestört, ununterbrochen und unbestritten erfolgt. Die für eine wirksame Ersitzung erforderliche Zeitspanne richtet sich nach den Umständen des konkreten Falles.
Gegenüber Tibet greift dieser Erwerbsgrund schon deshalb nicht, weil eine Ersitzung von Gebieten nicht möglich ist, die unter Verletzung der Grundsätze der VN-Charta, insbesondere durch eine völkerrechtswidrige Gewaltanwendung besetzt wurden. Solches würde diesem Grundprinzip widersprechen, wie es im Annexionsverbot, in der darauf fußenden Stimson-Doktrin und in der in Art. 52 der Wiener Vertrags-Konvention festgelegten Nichtigkeit zwangsweisen Verzichts zum Ausdruck kommt. Derart gravierende völkerrechtliche Verstöße können nicht einfach durch Zeitablauf geheilt werden. Daher können Annexionen eroberter Gebietsteile als solche niemals die Erwerbung eines Gebietstitels bewirken. Die Effektivität tatsächlicher Herrschaftsgewalt über ein Gebiet vermag keinen Gebietserwerb zu bewirken, der sich nicht im Rahmen des Völkerrechts hält.

Zusammenfassung

Die Staatengemeinschaft geht zwar davon aus, daß Tibet Teil des chinesischen Staatsverbandes ist, doch wurde der Status Tibets nicht geklärt.

Zum Zeitpunkt der gewaltsamen Einverleibung Tibets in den chinesischen Staatsverband war es ein unabhängiger Staat.
China hat keinen wirksamen Gebietstitel erworben, weil dem das Grundprinzip des aus dem Gewaltverbots hervorgehenden Annexionsverbots entgegensteht. Die Effektivität tatsächlicher Herrschaftsgewalt über ein Gebiet vermag keinen Gebietserwerb zu bewirken, der sich nicht im Rahmen des Völkerrechts hält.

Ein Tibeter bei der Morgenwäsche am Fluß. Bevor sich der Tibeter die Hände waschen kann, muß er ein Loch in die ca. 10 cm dicke Eisdecke schlagen. Das Bild entstand im Mai in 4500 m Höhe.

Chronik eines Aufstandes

von Jan Andersson

Im Herbst 1987 wurde die Weltöffentlichkeit nachhaltig auf die Unterdrückung der Tibeter aufmerksam gemacht. Der „stille Ruf nach Freiheit" schlug um in Aufstand und blutige Auseinandersetzung. Das „Tibet-Forum" hat das Geschehen dokumentiert.

18. Juni 1987

Das amerikanische Repräsentantenhaus verabschiedet ohne Gegenstimmen eine Gesetzesvorlage, die unter anderem die chinesischen Menschenrechtsverletzungen in Tibet verurteilt.

18. September 1987

Die chinesische Botschaft in Washington warnt den Dalai Lama davor, sich bei seinem Besuch in Amerika zu politischen Themen zu äußern.

21. September 1987

Eingeladen von Mitgliedern des amerikanischen Kongresses berichtet der Dalai Lama vor dem Human Rights Caucus, einer Gruppe Kongreßmitglieder beider Parteien, über die schwere Lage des tibetischen Volkes. Dabei legt er einen Plan in fünf Punkten vor, um den ersten Schritt in Richtung einer dauerhaften Lösung der Probleme zwischen Tibet und China zu machen.

22. September 1987

Der Dalai Lama wird offiziell durch eine Resolution im Repräsentantenhaus in Amerika willkommen geheißen.

23. September 1987

Der Plan des Dalai Lama wird von Peking abgelehnt. Die chinesische Botschaft in Washington kritisiert die einladenden amerikanischen Politiker, die „sich in Chinas innere Angelegenheiten einmischen und dem Dalai Lama erlauben, politische Aktivitäten zu entfalten und sich für die Unabhängigkeit Tibets einzusetzen und damit die Einheit Chinas zu sabotieren".

25. September 1987

China gibt bekannt, daß zwei Tibeter, Kelsang Tashi und Sonam Gyaltsen, hingerichtet wurden. Sie wurden des Mordes beschuldigt und vor 15000 Zuschauern im Sportstadion in Lhasa erschossen. Neun Tibeter wurden zu Gefängnisstrafen verurteilt. Von vielen Beobachtern werden die Hinrichtungen als eine Warnung an den Dalai Lama gesehen, er solle seine politischen Aktivitäten einstellen. In tibetischen Kreisen wird behauptet, daß die Erschossenen wegen ihrer antichinesischen Haltung hingerichtet wurden und nicht wegen krimineller Taten.

26. September 1987

In einem Brief an den chinesischen Premier Zhao Ziyang fordern führende Kongreßmitglieder beider Parteien Peking auf, den Fünf-Punkte-Plan des Dalai Lama aufzugreifen und mit ihm konstruktiv zu verhandeln.

27. September 1987

Demonstrationen in Lhasa. Etwa 30 Mönche des Drepung-Klosters und 200 Laien gehen auf die Straße und schwenken die von China verbotene tibetische Nationalfahne. Sie protestieren gegen die zwei Tage vorher durchgeführten Hinrichtungen. Außer Tibetern werden auch Ausländer, die die Demonstranten fotografieren, vorübergehend festgenommen und ihre Filme werden beschlagnahmt. Eine Gruppe Touristen wird im Jokhang-Tempel zurückgehalten, damit sie die Demonstration nicht beobachten kann.

1. Oktober 1987

Früh am Morgen des chinesischen Nationalfeiertags demonstriert wieder eine kleine Gruppe von Mönchen und Laien am Barkhor, der Straße um den Jokhang-Tempel. Viele der Demonstranten werden verhaftet und zu der Polizeiwache südwestlich des Tempels gebracht. Zwei- bis dreitausend Tibeter strömen im Laufe des Morgens dazu und fangen an, gegen die Verhaftungen zu protestieren. Polizeibeamte in Zivil versuchen, einige Tibeter zu verhaften, aber diese verschwinden im Schutz der Masse.
Bald beginnen Steine durch die Luft zu fliegen. Polizeiautos werden umgekippt und in Brand gesteckt. Feuerwehrautos kommen an, werden aber sofort angezündet. Hauptsächlich von Frauen angeführt bringen die Protestierenden brennbare Gegenstände vor die Türen der Polizeiwache und zünden sie an. Etwa um 11 Uhr laufen plötzlich mehrere Mönche durch die jetzt brennenden Türen in das Gebäude hinein. Sie verletzen sich dabei erheblich. Etwa gleichzeitig werden die ersten Gewehrschüsse gehört. Schützen tauchen auf den Dächern auf. Sie werfen Tränengasbehälter auf die Demonstranten, die allerdings die Behälter zurückwerfen. Das Polizeigebäude wird geplündert und Akten auf die Straße geworfen.
Auf den Dächern liegend beginnen Polizisten auf die Demonstranten zu schießen. Mehrere Tibeter werden getötet. Ausländische Ärzte, die als Touristen zugegen waren, zählen sechs Tote und viele Verwundete, die teilweise von den Ärzten behandelt werden. Insgesamt werden 19 Menschen getötet und über hundert verwundet. Die chinesische Regierung spricht von 19 schwerverletzten Polizisten.
Polizeiliche Verstärkungen kommen an und räumen mit Waffenhilfe die Straße vor der Polizeiwache. Ein Protestzug trägt eine Leiche bis zu den Regierungsgebäuden vor dem Potalapalast.
Viele Tibeter und Ausländer werden verhaftet. Die Tibeter werden zum Teil verprügelt. Ausländern werden Filme abgenommen. Eine nächtliche Ausgangssperre wird verhängt, und die Telefon- und Telexverbindungen mit dem Ausland werden unterbrochen, um zu verhindern, daß Journalisten und Touristen ihre Eindrücke weitergeben. Nach offizieller Darstellung wurden die Unruhen von „wenigen Separatisten entfacht und von der Dalai-Clique angezettelt und organisiert". Auch wurde es verneint, daß die Polizei von ihren Feuerwaffen Gebrauch gemacht hätte. Nach Pekings Darstellung wurden die getöteten Tibeter von anderen Demonstranten erschossen.

2. Oktober 1987

Eine massive Polizei- und Militärpräsenz auf den Straßen in Lhasa verhindert weitere Unruhen. Plakate mit Freiheitsparolen tauchen überall auf, werden aber von den Ordnungshütern schnell entfernt.

3. Oktober 1987

Die Straßen von und nach Lhasa sind durch Sicherheitskräfte blockiert. Ausländer, die die um Lhasa gelegenen Klöster besuchen wollen, werden in die Stadt zurückgeschickt. Angeblich war es auch in den Klöstern zu Zwischenfällen gekommen. Der Flughafen wird abgesperrt, um ihn für eingeflogene Verstärkungen der chinesischen Sicherheitskräfte frei zu halten.
Die Verfolgung der Demonstranten nimmt ihren Anfang. Die etwa 1000 Mönche in und um Lhasa werden alle fotografiert. Die Fotos sollen mit den Aufnahmen vom 1. Oktober verglichen werden, damit die an den Unruhen teilnehmenden Personen gefaßt werden können.
Der Dalai Lama bringt seine Trauer über die Verluste an Menschenleben zum Ausdruck. Er sagt, daß Gewalt keine Lösung für Probleme darstelle und appelliert „an alle Menschenrechtsgruppen, auf die chinesische Regierung einzuwirken, damit sie die Exekutionen einstellt und die in den Gefängnissen Befindlichen freiläßt."

4. Oktober 1987

Peking bezichtigt Ausländer einer Teilverantwortung für die Ausschreitungen in Tibet. Zwei Amerikaner hätten „mit den Händen gewinkt, gerufen und die Leute aufgefordert, die Polizei anzugreifen", sagt die amtliche Nachrichtenagentur Neues China. „Die Unterstützung einiger Ausländer in Worten und

Taten für die Unabhängigkeit Tibets ist eine ernste Einmischung in die inneren Angelegenheiten Chinas."

Auch in Shigatse, der zweitgrößten Stadt Tibets, kommt es zu einer Demonstration.

5. Oktober 1987

Augenzeugen berichten aus Lhasa, daß dreißig Gefangenenwagen mit mehreren hundert Gefangenen durch Lhasa gefahren sind. Ausländer werden davor gewarnt, an Demonstrationen oder politischen Aktionen teilzunehmen. Sie werden über Lautsprecher aufgefordert, nichts zu beobachten und nichts zu fotografieren.

Tibetische Mönche appellieren an die Vereinten Nationen, bei der Befreiung des Landes von der chinesischen Fremdherrschaft Tibet beizustehen. „Wir Tibeter haben die Chinesen, die unser Land besetzt haben, zum Gehen aufgefordert."

Auch die Exilregierung macht einen ähnlichen Appell an „alle freien und demokratischen Staaten". Kein Staat zeigt sich bereit, diesen Appell zu unterstützen. Hunderte von chinesischen Soldaten werden eingeflogen und große Sicherheitseinheiten patrouillieren auf den Straßen. In Peking wird der Aufstand als „unbedeutend" abgetan.

Ausländischen Einzeltouristen wird ab sofort kein Visum für Tibet erteilt.

Thailand verweigert dem Dalai Lama die Einreiseerlaubnis. Er hat zwar einen Friedenspreis, den Magsaysaypreis, gewonnen, aber da die Regierung in Bangkok befürchtet, daß sein Besuch im buddhistischen Thailand die guten Beziehungen zu China stören könnte, darf er nicht einreisen.

6. Oktober 1987

Neue Demonstrationen in Lhasa und Shigatse am Vorabend des 37. Jahrestages des chinesischen Einmarsches in Tibet finden statt. Vor dem Drepung-Kloster versammeln sich etwa 100 Menschen und rufen antichinesische Schlagworte. Soldaten mit Bajonetten transportieren mehr als die Hälfte davon auf Armeelastwagen ab.

Ein australischer Medizinstudent berichtet von mehreren Mönchen, die Knochenbrüche, schwere Prellungen, blutige Striemen und offene Wunden am Körper aufweisen. Sie wurden mit Gewehrkolben und Schlagstöcken verprügelt und auch getreten.

Der amerikanische Senat verurteilt die chinesische Gewaltanwendung in Tibet, fordert den amerikanischen Präsidenten auf, den Dalai Lama zu unterstützen, will Anstrengungen unterstützen, die tibetische Kultur und die tibetische Identität zu bewahren, will Delegationen nach Tibet schicken, um ein direktes Bild von den Problemen zu bekommen, verlangt vom Außenministerium, innerhalb von zwei Monaten einen Bericht über die Menschenrechtssituation in Tibet und die Immigration von Chinesen nach Tibet vorzulegen, 200000 Dollar zur Verfügung der tibetischen Flüchtlinge zu stellen, Tibetern 15 Stipendien für höhere Studien in den USA bereitzustellen, und schließlich verbietet er amerikanische Waffenverkäufe an China, wenn das Land nicht die Menschenrechtsverletzungen in Tibet einstellt.

7. Oktober 1987

Auf einer Pressekonferenz in Dharamsala weist der Dalai Lama die chinesischen Vorwürfe zurück, er hätte die Unruhen in Tibet angezettelt. „Was kürzlich in Lhasa geschehen ist, war eine Folge der Unzufriedenheit und des Leidens der Tibeter und ihre spontane Reaktion darauf."

Er befürwortet weitere friedliche Proteste und Aktionen zivilen Ungehorsams. Die Weltöffentlichkeit sollte auf die Pekinger Führung einwirken. Er bekräftigt, daß er eine friedliche Lösung der Auseinandersetzungen zwischen Tibetern und Chinesen wünscht. China kritisiert den amerikanischen Senat wegen der Resolution am Vortag. Der Kongreß „sabotiert die Einheit und Stabilität in Tibet".

Die Gesellschaft für bedrohte Völker in Göttingen unterstützt in einem Appell an die Bundesregierung die tibetischen Forderungen nach Einhaltung der Menschenrechte in Tibet. Bonn erklärt, daß der Dalai Lama nicht als politisches Oberhaupt anerkannt wird. Außerdem unterstreicht Staatsminister Schäfer (FDP) vom Auswärtigen Amt, daß China durch „konkrete Maßnahmen" die tibetische Kultur und Religion fördert.

8. Oktober 1987

Peking fordert Indien auf, politische Äußerungen des Dalai Lama zu unterbinden.
15 westliche Journalisten werden aus Tibet ausgewiesen, da sie über die Unruhen berichtet haben. Der Vorwand lautet, sie hatten nicht wie vorgeschrieben ihre Tibetreise zehn Tage im voraus beantragt.

9. Oktober 1987

Zwei Mönche des Drepung-Klosters erliegen den Folgen der Verletzungen, die ihnen die Polizei bei der Demonstration drei Tage früher beigebracht hatte.

10. Oktober 1987

Zwei Amerikaner, der Arzt Blake Kerr und der Rechtsanwalt John Ackerly, werden ausgewiesen. Ackerly hatte ein Bild der tibetischen Fahne in seinem Tagebuch eingeklebt gehabt, und Kerr trug die Fahne auf einem Gepäckstück.
In Bonn führen Tibeter aus Deutschland und der Schweiz, sowie ihre deutschen Freunde eine friedliche Demonstration durch.

11. Oktober 1987

Die Nachrichtenagentur Neues China beschuldigt diesmal nicht weniger als etwa 50 Ausländer, sich direkt an den Ausschreitungen beteiligt zu haben. Sie hätten Polizisten mit Steinen beworfen, die Demonstrationen fotografiert und die Tibeter aufgestachelt.

12. Oktober 1987

Die an den Unruhen teilnehmenden Tibeter werden von Peking aufgefordert, sich den Behörden zu stellen. Wer innerhalb von vier Tagen diesem Aufruf nicht nachkommt, soll ohne Gnade behandelt werden.

16. Oktober 1987

Deng Yiaoping wirft amerikanischen Kongreßmitgliedern „Unkenntnis und Arroganz" vor, da sie Sympathie für die Tibeter gezeigt haben. Sie werden nicht die erwünschte Einreiseerlaubnis für Tibet bekommen, um die Menschenrechtssituation an Ort und Stelle zu untersuchen.
In einer von der grünen Bundestagsabgeordneten Petra K. Kelly eingebrachten Resolution fordern sämtliche Bundestagsparteien einstimmig die Bundesregierung auf, sich dafür einzusetzen, daß China die Menschenrechtsverletzungen in Tibet beendet. Die chinesische Botschaft versucht mit massiven Interventionen, die Verabschiedung zu verhindern. Auch das europäische Parlament in Straßburg unterstützt in einer Resolution die Tibeter.

19. Oktober 1987

Peking lehnt die tibetische Forderung ab, alle Teile Tibets in die „Autonome Region Tibets" aufzunehmen. Es wäre „unrealistisch und unerreichbar", da hohe Bergketten durch das Land führen. Es würde auch irgendwie die wirtschaftliche Entwicklung behindern.

26. Oktober 1987

Westliche Reisende berichten aus Lhasa, daß Mönche der großen Klöster an täglichen Umerziehungskursen teilnehmen müssen. Polizisten und politische Funktionäre unterrichten darüber, daß „Tibet schon seit Jahrhunderten von China regiert wird und daß freundschaftliche Beziehungen zu Peking bestehen".

9. November 1987

Eine große Demonstration mit etwa 2000 Teilnehmern findet vor den Vereinten Nationen in Genf statt. Über 1000 Tibeter nehmen daran teil.

25. Februar 1988

Das Gebetsfest Mönlam Chempo in den ersten Tagen des neuen tibetischen Jahres wird von den

Mönchen weitgehend boykottiert. Der chinesischen Polizei gelingt es schließlich doch – unter Androhung empfindlicher Strafen – ca. 800 Mönche zu der Feier im Jokhang-Tempel zusammenzubringen. Das traditionsreiche Fest wird von starken Armeeverbänden und zusätzlichen Sicherheitskräften in Zivil kontrolliert.

5. März 1988

Bei der Abschlußzeremonie wird die Statue des Matreya Buddha um den heiligen Tempel geführt. Dabei rufen einige Mönche nach der Freilassung von Yulu Dawa Tsering, einem Mönch aus dem Kloster Ganden, der sich öffentlich für die Freiheit Tibets eingesetzt hat. Yulu Dawa Tsering wurde bereits 1959 in ein Gefängnis geworfen, 1979 freigelassen und 1987 wieder eingesperrt.
Die betreffenden Mönche werden sofort verhaftet. Daraufhin greifen tausende von Zuschauern ein. Erste Steine fliegen gegen die Chinesen, eine Polizeiwache, die als Ersatz für die im Oktober 1987 verbrannte neben dem Jokhang eingerichtet war, wird von Zivilisten gestürmt, chinesische Fernsehwagen werden in Brand gesteckt. Die verhaßte behördliche Buddhistische Vereinigung mit ihrem Sitz im Jokhang Tempel wird ebenfalls gestürmt und zerstört. Eine Apotheke und ein nahes Restaurant, beide in chinesischem Besitz und tibetfeindlich eingestellt, werden zerschlagen. Jetzt greifen die chinesischen Sicherheitskräfte zunächst mit Tränengas ein, später mit Waffengewalt. Die Kämpfe zwischen bewaffneten chinesischen Einheiten und den unbewaffneten Tibetern dauern bis Mitternacht. Dabei werden drei Polizisten getötet, einer durch einen Sturz aus einem Tempelfenster auf die Straße. Die Zahl der tibetischen Opfer bleibt der Öffentlichkeit gegenüber unbekannt, sie wird auf über 20 geschätzt. Darunter befinden sich mehrere Mönche.
An den Tagen nach diesen Ausschreitungen werden über 2000 Tibeter verhaftet und verhört. Noch im Juni sind über 100 von ihnen in chinesischen Gefängnissen. Der Dalai Lama fordert die Tibeter erneut auf, trotz der repressiven chinesischen Maßnahmen auf jede Form von Gewalt zu verzichten.

8. März 1988

Die chinesische Nachrichtenagentur Neues China meldet, daß bei den Ausschreitungen über 300 Polizeibeamte verletzt wurden.

16. April 1988

Vier Tibeter werden für den Tod der Polizisten verantwortlich gemacht und zum Tode verurteilt. Niemand wird aber für die Erschießung der über 20 Tibeter zur Rechenschaft gezogen.

17. April 1988

Zwölf Nonnen vom Chupsang-Kloster demonstrieren vor dem Jokhang Tempel für die Freiheit Tibets. Sie werden von bewaffneter Polizei abgeführt.

Dalai Lama:
Friedensplan für Tibet

1. Tibet soll zu einer Friedenszone erklärt werden.

Alle Truppen sollen aus ganz Tibet (Ü-Tsang, Kham, Amdo) abgezogen werden. Die gegenwärtigen militärischen Spannungen zwischen China und Indien werden dadurch aufgehoben, und die Stabilität Zentralasiens wird somit erhöht. Beide Länder können dann Riesensummen einsparen – Geld, das sie besser für ihre friedliche Entwicklung einsetzen können. Nepal strebt nach dem Status als Friedenszone, deren Wirkung natürlich viel größer werden würde, könnte Tibet den gleichen Status erlangen.

2. Die massive Umsiedlung von Chinesen nach Tibet muß aufhören.

Die von Peking betriebene Großansiedlung von Chinesen in Tibet bedeutet, daß die Tibeter schon jetzt nur eine Minderheit in ihrem eigenen Land darstellen. In der Geburtsprovinz des Dalai Lama, Amdo, wohnen jetzt über 2,5 Millionen Chinesen, aber nur 750.000 Tibeter. Wenn dieser Umsiedlung nicht unmittelbar Einhalt geboten wird und die Chinesen wieder nach China ziehen, wird es nicht lange dauern, bis der Begriff „Tibet" nur noch ein Fleck Boden in China bedeutet.

3. Die fundamentalen Menschenrechte und demokratischen Freiheiten müssen respektiert werden.

Auch wenn die offizielle Darstellung anders lautet, haben die Tibeter nicht das Sagen in Tibet. Die volle Macht liegt fest in chinesischen Händen und wird in erster Linie für chinesische Bedürfnisse eingesetzt. Die vielbeschworenen Entwicklungen im Land (s. Bundestagsdebatte) dienen selten den Tibetern, sondern dem chinesischen Militär, den chinesischen Siedlern oder den Touristen.

4. Die großskalige Umweltzerstörung in Tibet muß gestoppt werden. Das Land darf nicht als Mülhalde für radioaktiven Abfall aus China oder westlichen Ländern mißbraucht werden.

Nach der Okkupation Tibets hat China eine enorme Umweltzerstörung im Land verursacht. Die Tierwelt auf Land und im Wasser ist erheblich reduziert worden. Riesige Wälder, besonders in Osttibet, sind kahlgeschlagen worden, um den chinesischen Holzbedarf zu sättigen. Verhandlungen laufen zur Zeit mit westlichen Ländern, auch mit der Bundesrepublik, über die Übernahme von radioaktivem Müll. Sie haben 1987 neuen Auftrieb bekommen.

5. Ernsthafte Verhandlungen zwischen dem tibetischen und dem chinesischen Volk über den künftigen Status Tibets müssen aufgenommen werden.

Tibeter und Chinesen sind zwei verschiedene Völker. Dies muß anerkannt und respektiert werden, aber braucht nicht einer engen zukünftigen Zusammenarbeit im Wege zu stehen. Eine Lösung des Tibet-Problems, die Vorteile für alle betroffenen Völker bietet, muß in offenen und fairen Verhandlungen gefunden werden.

Ein Foto des im indischen Exil lebenden Dalai Lama ist für die Tibeter das schönste Geschenk. Bei meiner ersten Tibetreise 1981 war es von den Chinesen noch streng verboten, Dalai-Lama-Fotos mit nach Tibet zu nehmen. Heute kann man solche Fotos überall in Lhasa kaufen. Aus Respekt und Ehrfurcht halten sich Tibeter das Bild ihres Gottkönigs über den Kopf.

„Die Macht der Liebe und Vergebung ist stärker als alle Gewalt. Trotz der grauenhaften Verbrechen der Chinesen in unserem Land hege ich in meinem Herzen keinen Haß auf sie. Wir sollten nicht nach Rache an denen trachten, die Verbrechen an uns verübt haben. Meine Hoffnung beruht auf dem Mut der Tibeter und der Liebe zur Wahrheit und Gerechtigkeit, die immer noch im Herzen der Menschen wohnt."
Seine Heiligkeit, der 14. Dalai Lama

Botschaft seiner Heiligkeit des 14. Dalai Lama von Tibet zum 10. März 1988 anläßlich der 29. Gedenkfeier des Volksaufstandes in Tibet am 10. März 1959

In den vergangenen Monaten mußte unser Land die schlimmsten Repressionen seit der sogenannten Kulturrevolution erdulden. Mindestens 32 Menschen starben während der Unruhen in Lhasa und Hunderte wurden verhaftet, geschlagen und gefoltert. Zusätzliche Sicherheitskräfte wurden nach Tibet gebracht und die Bewegungsfreiheit der Tibeter eingeschränkt. Die chinesischen Behörden fahren fort, die fundamentalen Menschenrechte des tibetischen Volkes zu verletzen Heute ehren wir ebenfalls den Mut unserer Brüder in Tibet, die auf die Straße gegangen sind, um auf ihre Leiden unter der chinesischen Kolonialherrschaft aufmerksam zu machen. Die gegenwärtigen Unruhen in Tibet sind kein isoliertes Ereignis. Seit der Niederwerfung des nationalen Aufstandes im Jahre 1959 durch chinesische Truppen gab es zahlreiche Demonstrationen in unserem Land. Die jüngste Demonstration war nur in dem Sinne einmalig, als sowohl die ausländische Presse wie auch Touristen als Augenzeugen zugegen waren und deshalb über die Demonstrationen weit herum berichtet wurde.

Der Kampf unseres Volkes ist, wie der nur weniger, ein gewaltloser Widerstand. Die gewaltlose Natur unseres Kampfes mag es schwieriger gemacht haben, die Welt von der Tiefe unseres Elends und von der Ernsthaftigkeit unserer Entschlossenheit zu überzeugen. Diese Gewaltlosigkeit mag sogar Regierungen dazu bewogen haben, unser gerechtes Anliegen unbeachtet zu lassen. In der Tat ist es eine betrübliche Erscheinung unserer Zeit, daß nur Gewalt internationale Beachtung auf sich zu ziehen scheint. Würde es angesichts der weltweiten Besorgnis über den Terrorismus und andere Formen der Gewalt nicht im Interesse von jedermann liegen, den gewaltlosen Kampf für eine gerechte Sache zu unterstützen?

Ich habe stets fest daran geglaubt, daß Gewalt nur Gewalt erzeugt. Sie trägt wenig zur Lösung der Konflikte bei. Ich erneuere deshalb meinen Aufruf an alle freiheitsliebenden Menschen, unseren gewaltlosen Kampf für das Überleben unserer nationalen Identität, unserer Kultur und unserer geistig-religiösen Tradition zu unterstützen und die chinesische Regierung zu überzeugen, ihre Politik der Unterdrückung aufzugeben.

Heute ist selbst die Existenz von Tibet bedroht. Die massive Umsiedlung von Chinesen auf das tibetische Hochplateau gefährdet Tibets eigenständige, 2100jährige Geschichte und Identität. Diese Umsiedlungspolitik ist auch die unmittelbare Ursache für die erneute Entschlossenheit unserer Landsleute, sogar unter Lebensgefahr ihre Unzufriedenheit kund zu tun. Die gegenwärtige chinesische Politik verstößt nicht nur gegen die 4. Genfer Konvention von 1949 – diese verbietet die Umsiedlung von Zivilpersonen in besetztes Gebiet unabhängig davon, ob die Souveränitätsansprüche umstritten sind –, sondern verletzt ebenfalls das grundlegendste Recht eines Volkes, im eigenen Land zu überleben und Herr des eigenen Schicksals zu sein. Es ist meine Hoffnung, daß die neuen Führer Chinas die Zwecklosigkeit und Ungerechtigkeit ihres Versuches, einem unwilligen Volk ihre Oberherrschaft aufzuzwingen, einsehen. Tibet hat den 6 Millionen Tibetern zu gehören. Die Zukunft Tibets, seine Regierungsform und sein soziales System müssen vom tibetischen Volk selber bestimmt werden können. Kein Tibeter hat Interesse daran, veraltete politische und soziale Institutionen wieder einzusetzen. Wie ich bereits mehrmals gesagt habe, liegt sogar die Entscheidung über die Fortführung der Institution des Dalai Lama beim Volk. Respekt für Freiheit und Demokratie sind wesentlich für die Entwicklung eines modernen Tibets und seines Volkes.

Laßt uns im kommenden Jahr unsere Bemühungen zur Schaffung eines wirklich freien und demokratischen Tibets, nicht nur im Exil, sondern vor allem in unserem heiligen Land verstärken. Im letzten Jahr ist uns von der internationalen Gemeinschaft große

Sympathie und Unterstützung zuteil geworden, was unsere Hoffnung auf eine bessere Zukunft erneuert hat. Die Heldenhaftigkeit unserer Brüder und Schwestern in Tibet, welche gewaltlos gegen eine große und brutale Übermacht Widerstand leisten, ist eine beständige Inspiration. Dies ist ein lebendiges Zeugnis der Einheit unseres buddhistischen Erbes und unserer nationalen Identität.

Möge dieser unerschütterliche Geist und der unbeugsame Mut unseres Volkes die Entschlossenheit aller 6 Millionen Tibeter in und außerhalb von Tibet stärken. Möge jeder Mann und jede Frau von uns im kommenden Jahr das Möglichste zur Erreichung unserer gerechten und edlen Sache beitragen:
Ein Tibet für die Tibeter.

Mit meinen Gebeten für das Wohlergehen aller Lebewesen.

Dharamsala, Indien, 10. März 1988

Der Dalai Lama

Verwendete Literatur

Aufschnaiter, Peter: Sein Leben in Tibet. Steiger, Innsbruck 1983
Barber, Noel: Die Flucht des Dalai Lama. List, München 1961
Brunton, Paul: Als Einsiedler im Himalaya. Scherz, Bern 1975
David-Neel, Alexandra: Mein Weg durch Himmel und Höllen. Scherz, München 1986
Dalai Lama: Mein Leben und mein Volk. Die Tragödie Tibets. Knaur, München 1982
Demeter, Ursula: Kailas – Die Reise zum heiligen Berg. Oesch, Zürich 1987
Deutscher Bundestag: Wissenschaftlicher Fachdienst Bonn. Reg. Nr. WII 163/87
Ford, Robert: Gefangen in Tibet. Scheffler, Frankfurt o. J.
Govinda, Lama Anagarika: Der Weg der weißen Wolken. Scherz, München 1985
Harrer, Heinrich: Sieben Jahre in Tibet. Mein Leben am Hofe des Dalai Lama. Ullstein, Berlin 1984
Hedin, Sven: Transhimalaya I, II und III. Brockhaus, Leipzig 1909
Hilton, James: Der verlorene Horizont. Fischer, Frankfurt 1985
Kelly, Petra: Tibet – ein vergewaltigtes Land. Rowohlt, Hamburg 1988
Lehmann, Peter-Hannes: Tibet – Das stille Drama auf dem Dach der Erde. GEO, Hamburg 1981
McGovern, William Montgomery: Als Kuli nach Lhasa. Scherl, Berlin o. J.
Messner, Reinhold: Der gläserne Horizont. BLV, München 1982
Richardson, H. E.: Tibet – Geschichte und Schicksal. Metzner, Frankfurt 1964
Schweizer Tibethilfe: Die Leiden eines Volkes. Veritas, Solothurn 1961
Tibet Forum: Organ des Vereins der Tibeter in Deutschland. Bonn – diverse Ausgaben
Tibet Info: Informationsbulletin des Vertretungsbüros, S. H. des Dalai Lama, Zürich, März 1988
Tichy, Herbert: Zum heiligsten Berg der Welt. Seidel & Sohn, Wien 1937
Uhlig, Helmut: Tibet. Ein verbotenes Land öffnet seine Tore. Lübbe, Bergisch Gladbach 1986
Weyer, Helfried: Tibet, Wahrheit und Legende. Badenia, Karlsruhe 1982
Weyer, Helfried: Tsaparang – Tibets großes Geheimnis. Eulen, Freiburg 1987
Weyer, Helfried: Himalaya. Kümmerly + Frey, Bern 1982

Wichtige Adressen:

The Office of Tibet
Rieterstraße 18
CH-8002 Zürich/Schweiz

Deutsche Tibethilfe e. V.
Mauthäuslstraße 9
D-8000 München 70

Verein der Tibeter in Deutschland e.V.
Postfach 2531
D-5300 Bonn 1

Tibet-Forum
J. K. Phukhang
Ackerchen 4
D-5202 Hennef-Rott

Tibetreisen:

Für Tibetreisen mit landeskundlicher Führung empfehle ich IKARUS TOURS GmbH, Fasanenweg 1, D-6240 Königstein 1

Fotografie:

Alle Fotos dieses Bandes stammen von Helfried und Renate Weyer, sie wurden auf 4 Tibetreisen mit 6/6 Kameras Hasselblad 2000 und Rolleiflex 6006 auf Kodak Professional Film EPR aufgenommen.

Tibet

Das »Dach der Welt«, wie es der Zeichner sieht: Die natürlichen Barrieren machen deutlich, warum sich Tibet so lange von der Außenwelt abkapseln konnte. Verhinderten im Süden die Ketten des Himalaya und Transhimalaya den Zugang, so waren es im Westen und Norden die Steinfelder des Dschangtang-Hochlandes, die trockene Takla Makan-Wüste und die Gebirge des Kunlun Shan. Nur der Osten bot mit seinen weiten Grassteppen und den zerrissenen Gebirgstälern eine relativ offene Flanke – und von hier aus wurde Tibet denn auch immer wieder attackiert, zuerst von den Mongolen, dann von den Chinesen. Bis zur Besetzung durch die rotchinesische Armee 1950 kannte Tibet keine nennenswerten Straßen und keine Eisenbahn, geschweige denn Flugplätze. Für den Tauschhandel mit den Nachbarländern und für den Pilgerverkehr genügten die halsbrecherischen Bergpfade und die schwankenden Seilbrücken über den reißenden Gebirgsflüssen. Der gläubige Buddhist, der von Indien zum heiligen Berg Tise (Mt. Kailas) oder gar nach Lhasa pilgern wollte, nahm große Gefahren auf sich. Das war ganz im Sinne der hohen buddhistischen Geistlichkeit, die den Zugang zum Gottesstaat unter Kontrolle halten wollte. Die wichtigsten Flüsse Ostasiens entspringen tibetischen Quellen – vom Huang He über den Yangzi Jiang, Mekong und Brahmaputra bis zum Indus.

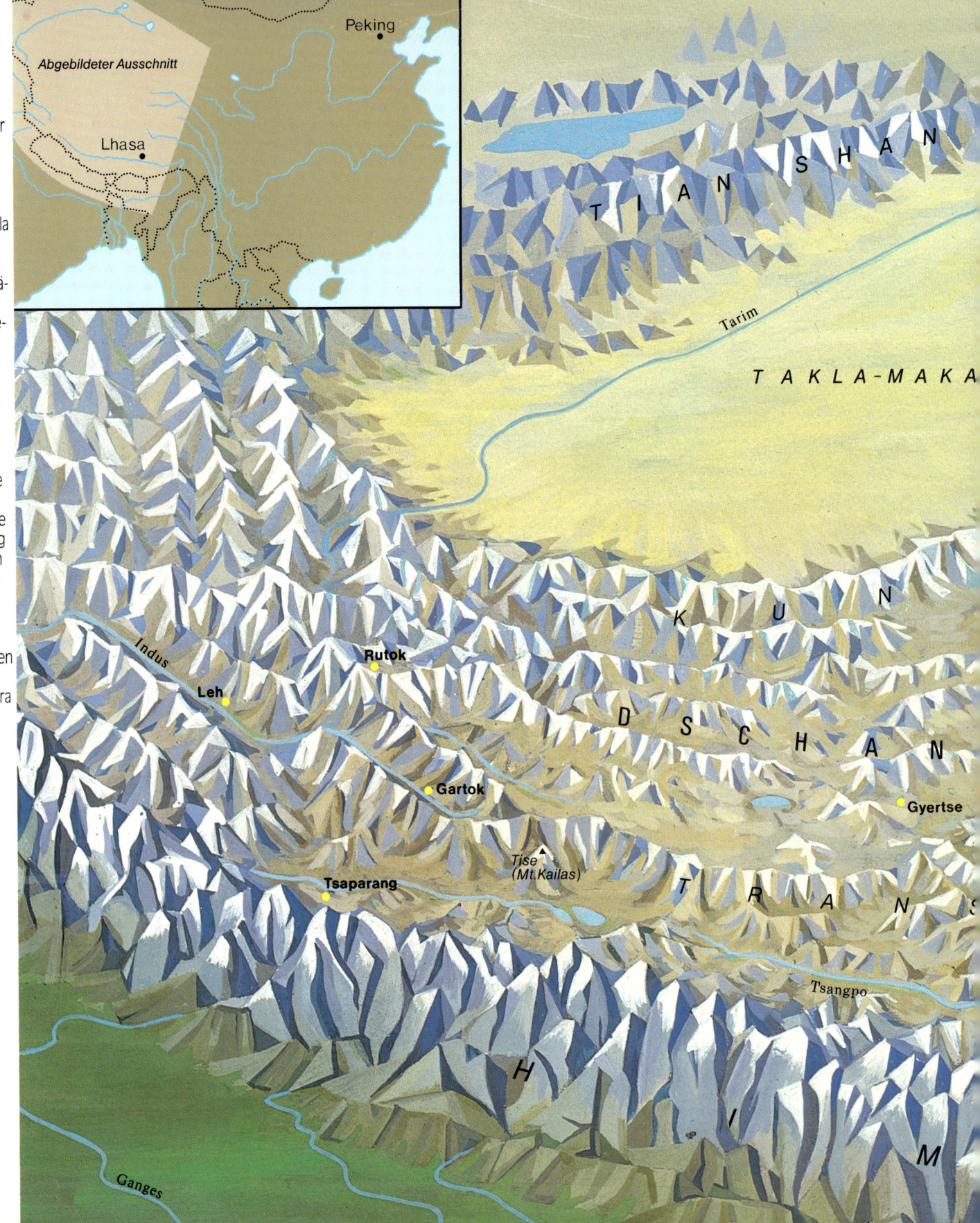

Kartographie:
Busecke · Metzger